10分で読める伝記

5年生

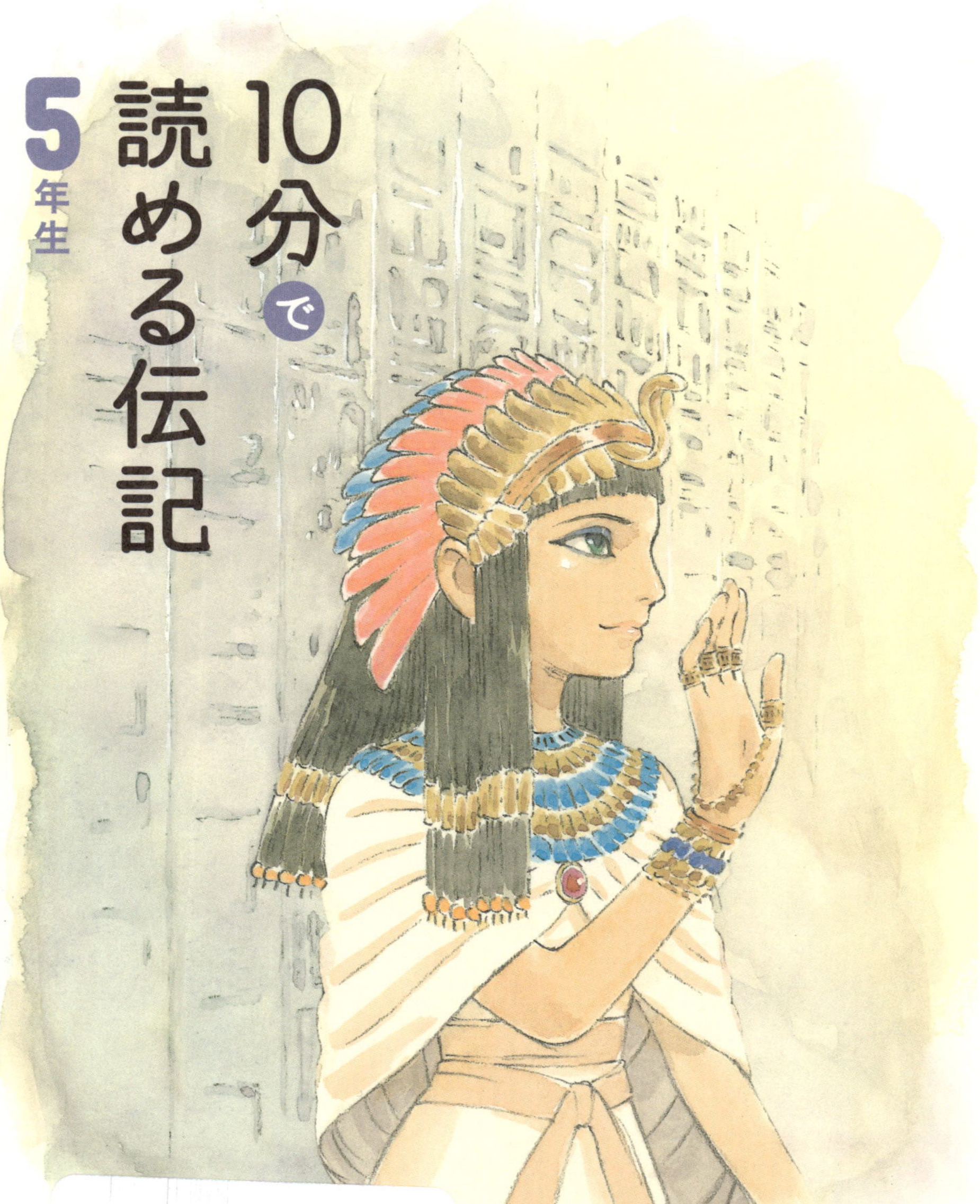

監修　塩谷京子

Gakken

もくじ

天下統一《てんかとういつ》の
さきがけを
作《つく》った

織《お》田《だ》信《のぶ》長《なが》

文・小柳順治
絵・鳥飼規世

今《いま》から五百年《ひゃくねん》ほど前《まえ》、日本中《じゅう》が戦《いくさ》に明《あ》けくれていた時代《じだい》のことです。

一人《ひとり》の若者《わかもの》が土手《どて》から河原《かわら》をながめていました。河原《かわら》では、ぼろぼろの布《ぬの》をまとった人《ひと》たちが、ひどくみすぼらしい生活《せいかつ》をしていました。

「あの者《もの》たちはなんだ。」

家臣《かしん》が答《こた》えました。

「戦《いくさ》によって家《いえ》を焼《や》かれ、親《おや》やきょうだいをなくし、ふるさとを失《うしな》って、この河原《かわら》に流《なが》れついた人《ひと》びとでございましょう。」

「あわれな者《もの》たちよ。なんとかしてやることはできないのか。」

「この世《よ》に戦《いくさ》がある限《かぎ》り、戦《いくさ》が生《う》む

苦《くる》しみ、悲《かな》しみは決《けっ》してなくなることはございませぬ。」

「ならば、この世《よ》から戦《いくさ》をなくすには、どうすればよいのか。」

「いつの日《ひ》か、日本中《じゅう》の戦国大名《せんごくだいみょう》たちをうちたおし、天下《てんか》を統一《とういつ》する者《もの》が現《あらわ》れるならば、この世《よ》から戦《いくさ》はなくなりましょう。」

そのとき、若者《わかもの》のひとみが強《つよ》い光《ひかり》を放《はな》ちました。若者《わかもの》の名前《なまえ》は吉法師《きっぽうし》、のちの織田《おだ》信長《のぶなが》です。

一五三四年《ねん》、吉法師《きっぽうし》は尾張《おわり》（現在《げんざい》の愛知《あいち》県《けん》）で、生《う》まれました。大《おお》きくなるにしたがって、吉法師《きっぽうし》は、ひどいわんぱくぼうずに、なっていきました。ならず者《もの》のようなかっこうをして、家臣《かしん》の子《こ》どもたちを引《ひ》き

つれ、すもうをとったり、木登《きのぼ》りをしたり……。一方《いっぽう》、学問《がくもん》などには全《まった》く目《め》を向《む》けませんでしたから、家臣《かしん》たちは吉法師《きっぽうし》のことを「大《おお》うつけ」、つまり、大《おお》ばか者《もの》とよんで、織田家《おだけ》の将来《しょうらい》を心配《しんぱい》するありさまでした。

やがて吉法師《きっぽうし》は成長《せいちょう》して、信長《のぶなが》と名前《なまえ》を変《か》えました。しかし、信長《のぶなが》のうつけぶりは、変《か》わることはありませんでした。

一五四八年《ねん》、信長《のぶなが》は美濃《みの》（現在《げんざい》の岐阜《ぎふ》県《けん》）を支配《しはい》する斎藤道三《さいとうどうさん》のむすめ、濃姫《のうひめ》と結婚《けっこん》しました。道三《どうさん》の本音《ほんね》は、信長《のぶなが》が本当《ほんとう》に「大《おお》うつけ」ならば、この結婚《けっこん》によって尾張《おわり》を乗《の》っ取《と》ることだったといわれています。結婚《けっこん》ののち、尾張《おわり》と美濃《みの》の境《さかい》にあるお寺《てら》で、初《はじ》めて信長《のぶなが》と会《あ》うことになった道三《どうさん》は、

ものかげにかくれて、こっそり信長《のぶなが》の様子《ようす》をうかがいました。

このとき、信長《のぶなが》は浴衣《ゆかた》の片方《かたほう》のそでをぬいで、けものの皮《かわ》をはりあわせたはかまをはくなど、とてもだらしないかっこうをしていました。

「あれあれ、これが、わしのむこどのか。」

しかし、信長《のぶなが》の鉄《てっ》ぽう隊《たい》が持《も》っていた五百丁《ひゃくちょう》もの鉄《てっ》ぽうは、心《こころ》から道三《どうさん》をおどろかせました。この時代《じだい》、鉄《てっ》ぽうはとてもねだんの高《たか》い武器《ぶき》でした。その鉄《てっ》ぽうを、信長《のぶなが》が五百丁《ひゃくちょう》も持《も》っているとは！

「これから、戦《いくさ》を左右《さゆう》するのは鉄《てっ》ぽうだ。」

道三自身《どうさんじしん》が、そう信《しん》じていました。道三《どうさん》は、信長《のぶなが》が新《あたら》しい時代《じだい》の戦《いくさ》のあり方《かた》をきち

んと見通《みとお》していることを知《し》って、ショックを受《う》けたのです。

会見《かいけん》の場《ば》で、信長《のぶなが》はさらに道三《どうさん》をおどろかせました。いつのまにか、信《のぶ》長《なが》は、りりしく髪《かみ》を結《ゆ》いあげて正装《せいそう》し、まことにみごとな若武者《わかむしゃ》ぶりで、道三《どうさん》の前《まえ》にすがたを現《あらわ》したのです。道三《どうさん》はうなりました。

「さては、うつけぶりは、世間《せけん》をあざむくための、しばいであったか。」

すっかり感心《かんしん》した道三《どうさん》は、信長《のぶなが》との同盟《どうめい》を強《つよ》くすることにしました。

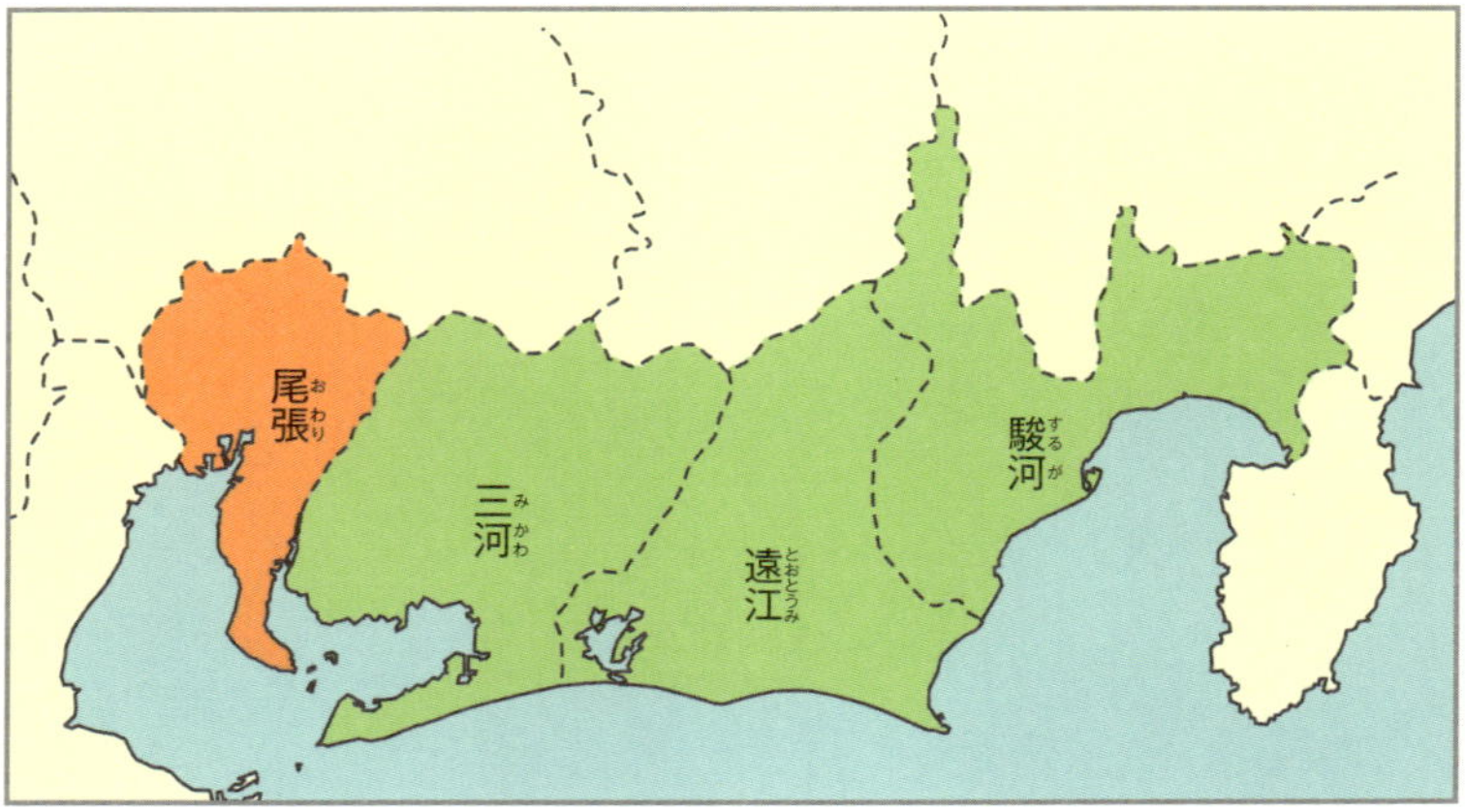

一五六〇年《ねん》、三河《みかわ》・遠江《とおとうみ》・駿河《するが》（現在《げんざい》の愛《あい》知県《ちけん》と静岡県《しずおかけん》）を支配《しはい》する大名《だいみょう》、今川義元《いまがわよしもと》が、二万《まん》五千《せん》の大軍《たいぐん》を率《ひき》い、尾張《おわり》へ向《む》けて進軍《しんぐん》を始《はじ》めました。信長《のぶなが》をうちたおし、尾張《おわり》を新《あたら》しい自分《じぶん》の領土《りょうど》とするためです。

「海道一《かいどういち》の弓取《ゆみと》り」、つまり、東海道《とうかいどう》でいちばん、戦《いくさ》が強《つよ》いといわれている今川義元《いまがわよしもと》に比《くら》べれば、信長《のぶなが》などちっぽけな「いなか大名《だいみょう》」にすぎません。

絶体絶命《ぜったいぜつめい》のピンチに、家臣《かしん》たちが顔《かお》を寄《よ》せあって、作戦会議《さくせんかいぎ》を開《ひら》きました。

「戦《たたか》っても勝《か》ち目《め》はない。こうふくして織田《おだ》の家《いえ》を守《まも》るべきだ。」

「それでは武士《ぶし》の面目《めんもく》が立《た》たない。城《しろ》に立《た》てこもって、戦《たたか》いぬくのみ。」

こうふくすれば、今川《いまがわ》の家臣《かしん》にされます。城《しろ》に立《た》てこもっても、全《ぜん》めつの運命《うんめい》はまぬがれません。信長《のぶなが》は、家臣《かしん》たちが言《い》いあうのをだまって聞《き》いていましたが、すっくと立《た》ちあがって、家臣《かしん》たちに告《つ》げました。

「もう、夜《よ》もふけた。みんな、帰《かえ》れ。」

家臣《かしん》たちは、この言葉《ことば》を聞《き》いて、

「とのは何《なに》も考《かんが》えておられぬ。織田家《おだけ》も、もうおしまいじゃ。」

がっくりとかたを落《お》としながら、城《しろ》をあとにしました。

翌朝《よくあさ》、まだ暗《くら》いうちに、信長《のぶなが》はぱち

りと目《め》を開《あ》けました。

「出陣《しゅつじん》じゃ。馬《うま》、ひけーっ。」

信長《のぶなが》はよろいかぶとに身《み》を固《かた》め、ただ一騎《いっき》で城《しろ》を飛《と》びだしました。

わずか数騎《すうき》の親衛隊《しんえいたい》が、あわてて信長《のぶなが》のあとを追《お》います。

「とのは、どうなさるおつもりじゃ。」

「とのは、今川軍《いまがわぐん》に決戦《けっせん》をいどむおかくごなのじゃ。」

信長《のぶなが》が熱田神宮《あつたじんぐう》で戦《たたか》いの勝利《しょうり》をいのるころには、二千人《せんにん》ほどの兵士《へいし》たちがあとを追《お》って集《あつ》まっていました。

やがて、信長《のぶなが》のもとに、忍者《にんじゃ》たちが、次《つぎ》つぎに情報《じょうほう》を送《おく》ってきました。

「今川軍《いまがわぐん》、桶狭間《おけはざま》の方《ほう》へ向《む》きを変《か》えました。」

「義元《よしもと》は桶狭間《おけはざま》で、酒《さけ》を飲《の》み、ごちそうを食《た》べてくつろいでおります。」

信長《のぶなが》はにやりと笑《わら》いました。今川義元《いまがわよしもと》は、信長《のぶなが》がわずかな軍勢《ぐんぜい》しか持《も》っ

ていないことをあなどり、すっかり油断《ゆだん》しているのです。

「全軍《ぜんぐん》、桶狭間《おけはざま》へ急《いそ》げ。」

信長《のぶなが》は、次《つぎ》つぎに命令《めいれい》を発《はっ》しました。

「善照寺《ぜんしょうじ》のとりでには、旗《はた》を残《のこ》しておけ。今川方《いまがわがた》に、織田《おだ》の本隊《ほんたい》が、まだ善照寺《ぜんしょうじ》にとどまっていると思《おも》わせるのだ。」

織田軍《おだぐん》は、山道《やまみち》をかけにかけて、桶狭間《おけはざま》へ向《む》かいました。はげしい雨《あめ》がふりはじめ、大軍《たいぐん》が移動《いどう》するそうぞうしさを消《け》しさってくれました。

「天《てん》はわれに味方《みかた》した。者《もの》ども、この戦《いくさ》、勝《か》ったぞ。」

信長《のぶなが》がそうさけぶと、織田《おだ》の兵士《へいし》たちはいっせいにかん声《せい》をあげました。

すでに、織田家《おだけ》のとりでをいくつか落《お》とし、すっかり、うちょうてんになった義元《よしもと》は、お酒《さけ》を飲《の》んで、今川軍《いまがわぐん》の強《つよ》さにうぬぼれていました。

未《み》の刻《こく》（午後《ごご》二時《じ》ごろ）、桶狭間《おけはざま》で歴史《れきし》に残《のこ》る戦《たたか》いが始《はじ》まりました。

「ざこは、すておけ。ねらうはただ、義元《よしもと》の首《くび》のみ。」

信長《のぶなが》はそうさけぶと自《みずか》ら刀《かたな》をふるって、敵陣《てきじん》にきりこみました。織田軍《おだぐん》のこうげきなど全《まった》く予想《よそう》もしていなかった今川軍《いまがわぐん》は、ただあわてるばかり。

「織田軍《おだぐん》のこうげきだと。ばかな、いったいどこから現《あらわ》れたのじゃ。」

義元《よしもと》の親衛隊《しんえいたい》が、義元《よしもと》を守《まも》ろうとしてそのまわりを囲《かこ》みます。信長《のぶなが》は、

馬《うま》を下《お》りて、何人《なんにん》もの敵兵《てきへい》をきりたおしました。織田軍《おだぐん》のすさまじいこうげきに、今川軍《いまがわぐん》は総《そう》くずれとなり、大将《たいしょう》の義元《よしもと》はうちとられてしまいました。大将《たいしょう》を失《うしな》った今川軍《いまがわぐん》は、ちりぢりににげさってしまいました。

こうして、桶狭間《おけはざま》の戦《たたか》いは、織田《おだ》軍《ぐん》の大勝利《だいしょうり》に終《お》わりました。わずかな兵《へい》で、大軍《たいぐん》をうちやぶるというあざやかな戦《たたか》いぶりは、日本中《じゅう》に織田信《おだのぶ》長《なが》の名前《なまえ》を鳴《な》りひびかせました。

桶狭間《おけはざま》の戦《たたか》いから七年後《ねんご》、信長《のぶなが》は、自分《じぶん》が出《だ》す手紙《てがみ》に「天下布武《てんかふぶ》」と書《か》

かれた印《いん》を使《つか》うようになりました。「天下布武《てんかふぶ》」とは、「日本を武力《ぶりょく》によって治《おさ》める」という意味《いみ》です。それは、信長《のぶなが》が「自分《じぶん》が天下《てんか》を統一《とういつ》する」と、世《よ》の中《なか》に言《い》いはなったのと同《おな》じでした。しかし、それはほかの戦国武将《せんごくぶしょう》たちにとって、がまんがならないことでした。

「信長《のぶなが》ごときに、天下《てんか》はわたさぬ。」

「日本の国《くに》の支配者《しはいしゃ》になるのは、このわしじゃ。」

このころ、全国《ぜんこく》の主《おも》だった武将《ぶしょう》の中《なか》で、信長《のぶなが》と同盟《どうめい》を結《むす》んでいるのは、徳川家康《とくがわいえやす》だけでした。信長《のぶなが》は、まさに鬼神《きじん》となって戦《たたか》いを続《つづ》けました。

「わしの天下統一《てんかとういつ》の夢《ゆめ》をはばむ者《もの》は、だれであろうと許《ゆる》さぬ。」

一五八二年《ねん》、信長《のぶなが》の家臣《かしん》、羽柴秀吉《はしばひでよし》（のちの豊臣秀吉《とよとみひでよし》）は、備中《びっちゅう》（現在《げんざい》の岡山県《おかやまけん》）の高松城《たかまつじょう》をせめていました。自《みずか》ら援軍《えんぐん》を率《ひき》いて、備中《びっちゅう》へ向《む》かうとちゅう、信長《のぶなが》は京都《きょうと》の本能寺《ほんのうじ》に宿《やど》を取《と》りました。

しかし、その本能寺《ほんのうじ》を家臣《かしん》の明智光秀《あけちみつひで》がおそいました。さすがの信長《のぶなが》も家臣《かしん》のうらぎりにあうなど、想像《そうぞう》もしていませんでした。

反乱《はんらん》の主《ぬし》が明智光秀《あけちみつひで》であると知《し》ったとき、信長《のぶなが》は、

「それなら仕方《しかた》ない。」

と言《い》って、笑《わら》いました。信長自身《のぶながじしん》が見《み》つけだし、重臣《じゅうしん》に取《と》りたてた明智光秀《あけちみつひで》がおそってきたのなら、そのたくらみは完《かん》ぺきであって、もはや、のが

れる方法《ほうほう》はないとさとったのでしょう。弓《ゆみ》とやりで勇《いさ》ましく明智《あけち》の兵《へい》と戦《たたか》ってから、信長《のぶなが》は女《おんな》たちをにがし、ほのおの中《なか》で切腹《せっぷく》して果《は》てました。信長《のぶなが》らしく、それははげしく、はなばなしい最期《さいご》でした。

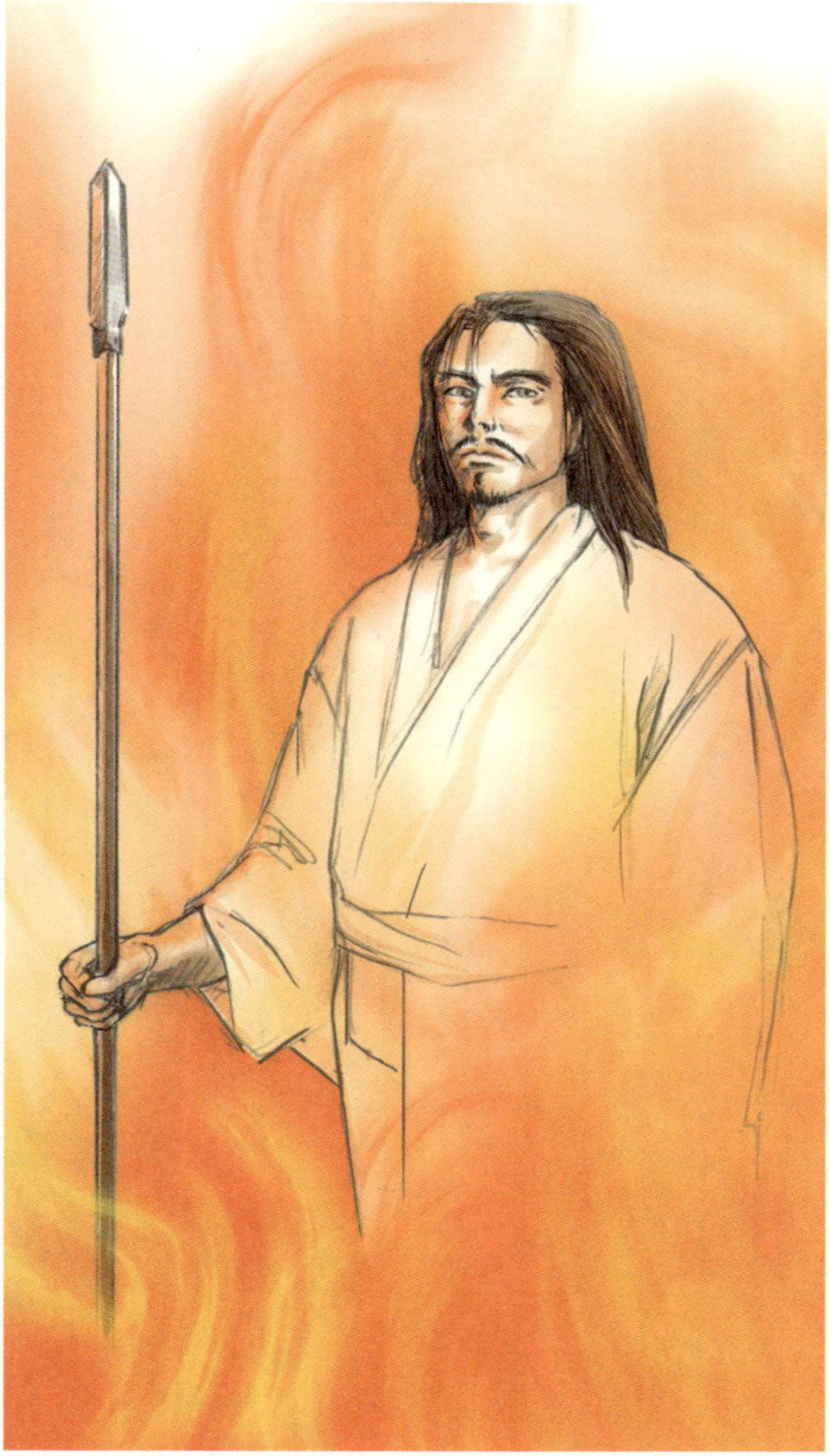

「天下《てんか》を一つにまとめ、この世《よ》から戦《いくさ》をなくす」という信長《のぶなが》の夢《ゆめ》は、豊臣《とよとみ》秀吉《ひでよし》がひきつぎ、その後《ご》、徳川家康《とくがわいえやす》によって実現《じつげん》されました。日本はこのあと、江戸幕府《えどばくふ》のもと、二百《ひゃく》六十年《じゅうねん》の平和《へいわ》な時代《じだい》を送《おく》りました。

織田信長《おだのぶなが》
（一五三四〜一五八二年《ねん》）

家臣《かしん》たちにニックネームをつけた

織田信長《おだのぶなが》は、ニックネームをつけるのが好《す》きだったといわれています。

豊臣秀吉《とよとみひでよし》のことを『さる』とよんだのは有名《ゆうめい》ですが、ほかにも秀吉《ひでよし》を『はげねずみ』とよんだり、明智光秀《あけちみつひで》を『きんか頭《あたま》』と言《い》ったそうです。

また、自分《じぶん》の子《こ》どもには、変《か》わった名《な》前《まえ》をつけました。長男《ちょうなん》の織田信忠《おだのぶただ》の子《こ》どものころの名前《なまえ》は『奇妙丸《きみょうまる》』、九男《なん》の織田《おだ》信貞《のぶさだ》の子《こ》どものころの名前《なまえ》は『人《ひと》』だったそうです。

古代《こだい》エジプト
最後《さいご》の
女王《じょおう》

クレオパトラ

文・粟生こずえ
絵・河伯りょう

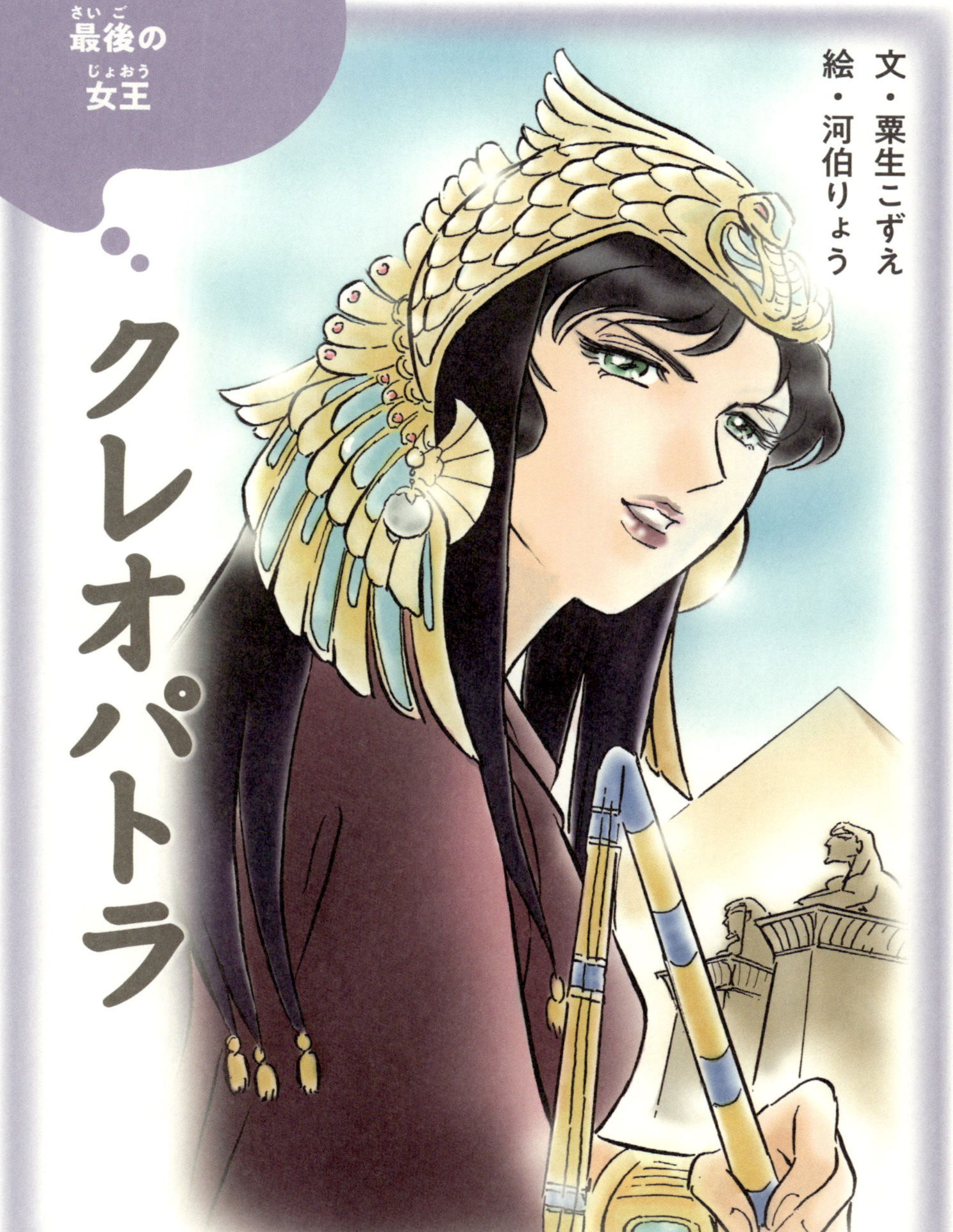

今《いま》からおよそ四千五百年《せんひゃくねん》ほど前《まえ》、エジプトでは高度《こうど》な古代文明《こだいぶんめい》が栄《さか》えていました。その当時造《とうじつく》られた巨大《きょだい》なピラミッドやスフィンクスなどのすぐれた建造物《けんぞうぶつ》を見《み》るために、今《いま》でも世界中《せかいじゅう》の人《ひと》がエジプトをおとずれています。豊《ゆた》かな水《みず》の流《なが》れるナイル川《がわ》のもと、エジプトでは古《ふる》くから農業《のうぎょう》が発達《はったつ》しました。銀食器《ぎんしょっき》やガラス細工《ざいく》、織物《おりもの》などの工芸品《こうげいひん》を求《もと》めて、外国《がいこく》から商人《しょうにん》がたくさんやってきました。また、芸術《げいじゅつ》、天文学《てんもんがく》や地理学《ちりがく》、医学《いがく》などの学問《がくもん》もさかんでした。高度《こうど》な文明《ぶんめい》を築《きず》いた古代《こだい》エジプト——その最後《さいご》の女王《じょおう》となったのが、クレオパトラです。

今《いま》からおよそ二千百年《せんひゃくねん》ほど前《まえ》の、紀元前《きげんぜん》六十九年《ねん》。クレオパトラは、古代《こだい》エジプト王《おう》プトレマイオス十二世《せい》のむすめとして生《う》まれました。プトレマイオス十二世《せい》の五人《にん》の子《こ》どもたちは、美《うつく》しい王宮《おうきゅう》で大切《たいせつ》に育《そだ》てられました。

「この子《こ》たちには、たくさんの教養《きょうよう》を身《み》につけさせよう。」

　王子《おうじ》も王女《おうじょ》もみな高《たか》い教育《きょういく》を受《う》けていましたが、特《とく》にクレオパトラは熱心《ねっしん》な勉強家《べんきょうか》で、またたくまに外国語《がいこくご》を覚《おぼ》えてしまい、まわりの大人《おとな》をおどろかせました。乗馬《じょうば》や泳《およ》ぎも得意《とくい》でした。

　クレオパトラは、おさないながらに国《くに》の未来《みらい》を気《き》にかけていました。豊《ゆた》かなエジプトは、大《おお》きな勢力《せいりょく》を持《も》つローマ共和国《きょうわこく》からねらわれていたのです。

　それなのに、プトレマイオス十二世《せい》は不安《ふあん》から目《め》をそむけるように、えん会《かい》を開《ひら》いてばかりいます。ローマに財宝《ざいほう》やお金《かね》をおくり、戦《たたか》いをしかけないようにしてもらうのが、プトレマイ

オス十二世《せい》のやり方《かた》でした。

「ローマにこびることしかできないのか。あんな国王《こくおう》は信《しん》らいできない。」

父《ちち》を悪《わる》く言《い》う声《こえ》は、クレオパトラの耳《みみ》にも入《はい》ってきます。

「お父様《とうさま》は心《こころ》のやさしい方《かた》なのに……。まずいことにならなければよいけれど……。」

国民《こくみん》の不満《ふまん》は次第《しだい》に高《たか》まっていきました。王家《おうけ》の中《なか》でも、新《あたら》しい王《おう》を立《た》てようとする動《うご》きが現《あらわ》れ、命《いのち》の危険《きけん》を感《かん》じたプトレマイオス十二世《せい》は、ローマに身《み》をかくすことになりました。

三年《ねん》たって、プトレマイオス十二世《せい》はローマの実力者《じつりょくしゃ》とともにエジプトに帰《かえ》り、ふたたび王位《おうい》につきましたが、わずか四年後《ねんご》になくなりました。

父《ちち》の遺言《ゆいごん》により、クレオパトラは弟《おとうと》のテオスと結婚《けっこん》し、共同《きょうどう》でエジプトを治《おさ》めることになりました。テオスは十歳《さい》でプトレマイオス十三世《せい》として即位《そくい》、クレオパトラは十八歳《さい》でした。

しかし、宮中《きゅうちゅう》には二人《ふたり》の関係《かんけい》を悪《わる》くしようとするたくらみがあったのです。

弟《おとうと》のプトレマイオス十三世《せい》はまだ子《こ》どもだったため、三人《にん》の補佐役《ほさやく》がついていました。かれらはプトレマイオス十三世《せい》をあやつり、好《す》きなように政治《せいじ》を行《おこな》おうと計画《けいかく》していたのです。そのため、自分《じぶん》なりに政治《せいじ》を行《おこな》おうとするクレオパトラを目《め》のかたきにしました。

ついには、クレオパトラは「エジプトを裏切《うらぎ》ろうとしている」とぬれぎぬを着《き》せら

れ、国外《こくがい》に追放《ついほう》されてしまったのです。

「このままでは、いずれわたしは殺《ころ》されるだろう。生《い》きのび、またエジプト女王《じょおう》としてもどってくるためにはどうすればいいのかしら。」

クレオパトラは一生《いっしょう》けん命《めい》に考《かんが》えました。

「エジプトに、わたしの味方《みかた》は少《すく》ない。外国《がいこく》の、強《つよ》い力《ちから》を持《も》った人《ひと》に助《たす》けを求《もと》めなければ。」

クレオパトラが目《め》をつけたのは、ローマで大《おお》きな権力《けんりょく》を持《も》つ将軍《しょうぐん》、カエサルでした。

ある日《ひ》。エジプトをおとずれていたカエサルを、見知《みし》らぬ男《おとこ》がたずねてきました。男《おとこ》は、織物《おりもの》をかたにかついでいます。

「エジプト女王《じょおう》の使《つか》いで、カエサル様《さま》におくりものをとどけにまいりました。」

男《おとこ》がゆかに織物《おりもの》をおろすと――まいてあった織物《おりもの》が広《ひろ》がり、その中《なか》から

クレオパトラが現《あらわ》れたのです。

「わたしはエジプト女王《じょおう》、クレオパトラです。」

香油《こうゆ》のよい香《かお》りが、部屋中《へやじゅう》にただよいます。

うすでの服《ふく》をまとい、金《きん》のうで輪《わ》をつけたクレオパトラのすがたに、カエサルは目《め》をうばわれました。

カエサルは話《はなし》を聞《き》くと、クレオパトラの力《ちから》になると約束《やくそく》しました。

クレオパトラはこの時《とき》、二十一歳《さい》。生《い》きぬくため、助《たす》けてもらおうと、カエサルに近《ちか》づきましたが、人生経験《じんせいけいけん》豊《ゆた》かで統率力《とうそつりょく》のあるかれを、心《こころ》から愛《あい》するようになっていくのです。カエサルもまた、美《うつく》しいだけでなく、頭《あたま》がよく話《はなし》の上手《じょうず》なクレオパトラにひかれていきました。

カエサルのうしろだてを得《え》て、クレオパトラはエジプトでの権力《けんりょく》を取《と》りもどしました。しかし、プトレマイオス十三世派《せいは》との争《あらそ》いはさけられませんでした。クレオパトラ派《は》と戦《たたか》って敗《やぶ》れたプトレマイオス十三世《せい》は、命《いのち》を落《お》とします。

こののち、さらに年下《としした》の弟《おとうと》がプトレマイオス十四世《せい》として即位《そくい》し、クレオパトラの夫《おっと》となりました。ただし、これは名目上《めいもくじょう》のことです。クレオパトラは、すでにカエサルとの間《あいだ》に子《こ》どもをみごもっていました。また、同《おな》じ夢《ゆめ》をいだく人間《にんげん》として、二人《ふたり》は固《かた》いきずなで結《むす》ばれていました。

「世界《せかい》にまたがる、大帝国《だいていこく》を築《きず》こう。」

カエサルは軍隊《ぐんたい》を率《ひき》いて戦《たたか》いを重《かさ》ねていたため、いっしょにいる時間《じかん》は多《おお》くありませんでした。ですが、カエサルにそっくりな長男《ちょうなん》、カエサリオンをむねにだくクレオパトラは幸《しあわ》せに満《み》たされていました。

ローマでは、長《なが》い間《あいだ》王政《おうせい》がとだえており、「元老院《げんろういん》」という議会《ぎかい》が政治《せいじ》を行《おこな》っていました。カエサルも、元老院《げんろういん》の一員《いちいん》でした。

各地《かくち》で勝利《しょうり》をおさめつづけるカエサルは軍人《ぐんじん》としても、政治家《せいじか》としても尊敬《そんけい》され、「ローマの英雄《えいゆう》」とよばれていました。一《いっ》

方《ぼう》で、カエサルが力《ちから》を持《も》てば持《も》つほど、こんなうわさが立《た》ちました。

「カエサルは、ローマ王《おう》の地位《ちい》をねらっているにちがいない。」

「ローマの自由《じゆう》のため、王政《おうせい》は復活《ふっかつ》させるべきではない。」

元老院《げんろういん》の議員《ぎいん》たちの中《なか》には、カエサルが権力《けんりょく》をひとりじめすることに反《はん》対《たい》する者《もの》たちが増《ふ》えていました。

その事件《じけん》は、議会《ぎかい》の場《ば》で起《お》こりました。席《せき》に着《つ》こうとしたカエサルに、短剣《たんけん》をふりかざした議員《ぎいん》たちが次《つぎ》つぎにおそいかかったのです。

「カエサルが、殺《ころ》されてしまった……。」

とつ然《ぜん》の知《し》らせは、クレオパトラに大《おお》

きなしょうげきをあたえました。

しかし、悲《かな》しんでばかりはいられません。クレオパトラは、カエサリオンを連《つ》れてエジプトに帰《かえ》りました。

カエサルのいなくなった今《いま》、ローマはエジプトを支配《しはい》しようとせめてくるかもしれません。

そんな折《おり》、クレオパトラのもとにローマから使者《ししゃ》がやってきました。カエサルのゆうしゅうな部下《ぶか》だったアントニウスが、クレオパトラに面《めん》会《かい》したいというのです。

「これは、チャンスだわ。」

クレオパトラは、アントニウスの明《あか》るい人《ひと》がらを知《し》っていました。

「あの人《ひと》なら、助《たす》けてくれるかもしれないわ。」

クレオパトラは美《うつく》しく着《き》かざって、アントニウスの前《まえ》に現《あらわ》れました。クレオパトラは改《あらた》めて自分《じぶん》の船《ふね》にもアントニウスを招待《しょうたい》し、ごうかな料理《りょうり》でもてなしました。

アントニウスがクレオパトラに会《あ》おうとしたのは、戦争《せんそう》にかかる資金《しきん》を出《だ》してほしいとたのむためでした。しかし、こしを落《お》ちつけて話《はな》すうちに、アントニウスはクレオパトラの知性《ちせい》と人《ひと》がらにすっかり夢中《むちゅう》になりました。それは、クレオパトラも同《おな》じ

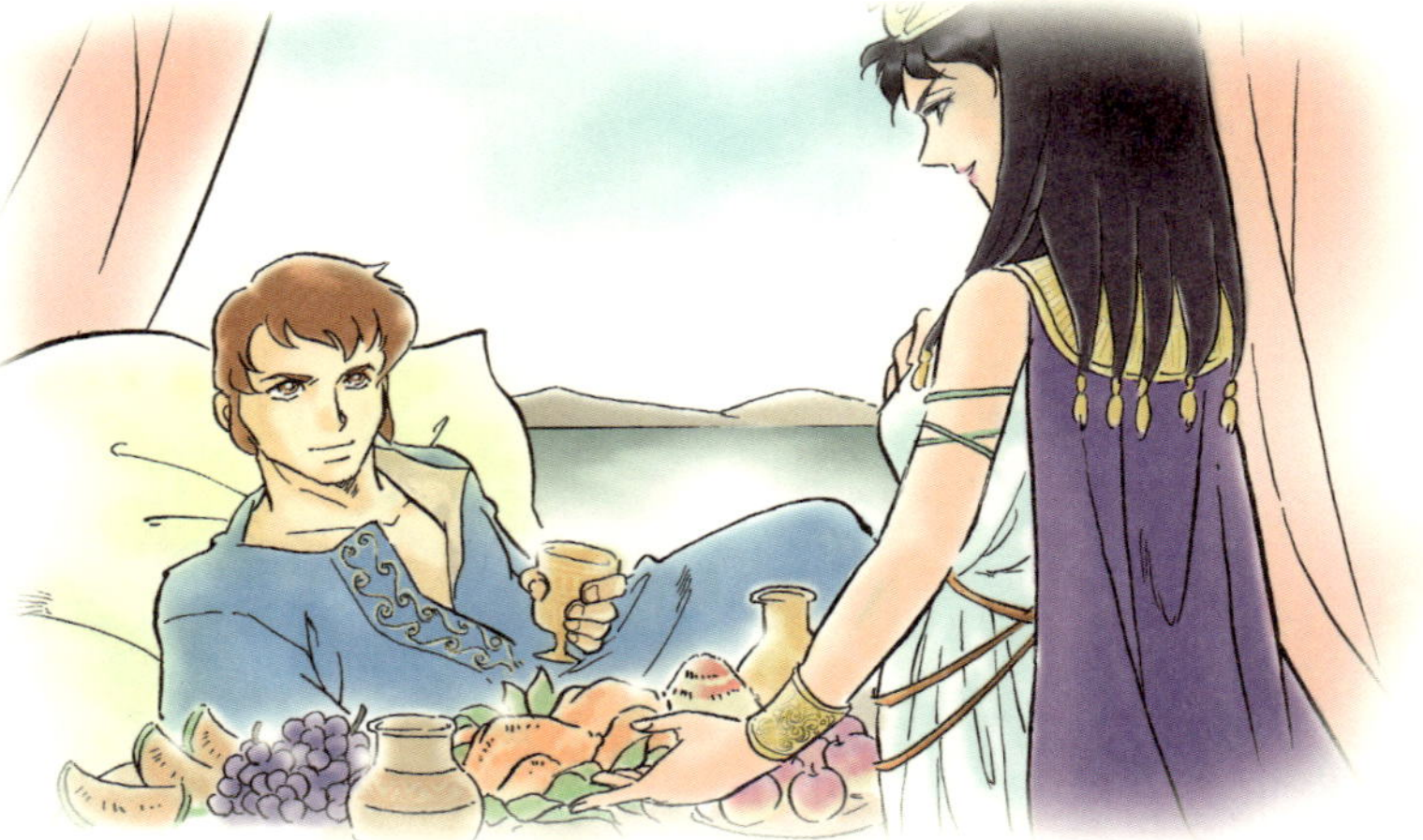

でした。

ほどなく、アントニウスはクレオパトラに結婚《けっこん》を申《もう》しこみます。クレオパトラは、たのもしいパートナーを得《え》ました。

「わたしはエジプト女王《じょおう》として、この国《くに》を守《まも》ってみせるわ。」

アントニウスは、さまざまな土地《とち》で戦《たたか》いに勝《か》ち、ローマの領地《りょうち》を広《ひろ》げました。一方《いっぽう》で、エジプト女王《じょおう》であるクレオパトラを妻《つま》にし、エジプトと手《て》を組《く》んだことで、ローマ国内《こくない》にはアントニウスに反感《はんかん》を持《も》つ人《ひと》びとが増《ふ》えていきました。

アントニウスのライバルであるオクタビアヌスが率《ひき》いるローマ軍《ぐん》が、エジプトに宣戦布告《せんせんふこく》するのに、時間《じかん》はかかりませんでした。クレオパトラのエジプト軍《ぐん》とアントニウスの率《ひき》いる軍《ぐん》は、巨大《きょだい》なローマ軍《ぐん》の前《まえ》になすすべもなく、負《ま》ける気配《けはい》が強《つよ》くなっていきました。

「クレオパトラ様《さま》、来《き》てください。アントニウス様《さま》が……。」

クレオパトラがかけつけると、アントニウスが血《ち》を流《なが》してたおれていました。

アントニウスは戦《たたか》いのさなかにクレオパトラが死《し》んだものと誤解《ごかい》し、あとを追《お》おうと、はらに剣《けん》をつきたてたのです。

「わたしは……あなたとくらせて、幸《しあわ》せだった。」

そう言《い》いのこして、アントニウスはクレオパトラのうでの中《なか》で息《いき》をひきとりました。

さすがのクレオパトラにも、いよいよあきらめの気持《きも》ちが生《う》まれていました。

クレオパトラは、明日《あす》にもローマ軍《ぐん》のほりょとしてとらえられるという情報《じょうほう》を得《え》ていたのです。

「ほりょになどなってたまるものですか。わたしは、エジプト女王《じょおう》としてのほこりを失《うしな》わずに、死《し》んでいこう……。」

クレオパトラは夕食《ゆうしょく》をとったあと、侍女《じじょ》にイチジクの入《はい》ったかごをとどけさせました。かごの中《なか》には毒《どく》ヘビがかくされていました。

クレオパトラは、かごの中《なか》から一ぴきの毒《どく》ヘビを取《と》りだすと、自分《じぶん》をかませました。

「エジプトよ、さようなら……。」

翌朝《よくあさ》、クレオパトラのなきがらを発見《はっけん》したローマ人《じん》も、その潔《いさぎよ》い最期《さいご》をたたえたといわれます。

エジプトを愛《あい》し、何度《なんど》も国《くに》を立《た》てなおそうと努力《どりょく》したクレオパトラは、あくまで「エジプトの女王《じょおう》」として死《し》ぬことを選《えら》びました。三十九歳《さい》でした。

クレオパトラの死《し》とともに、エジプト王国《おうこく》はローマに支配《しはい》され、その歴《れき》史《し》を静《しず》かにとじたのです。

クレオパトラ
(紀元前《きげんぜん》六九〜三〇年《ねん》)

みりょく的《てき》な女性《じょせい》だったクレオパトラ

クレオパトラは大変《たいへん》な美人《びじん》だったとされていますが、実《じつ》はそれほどでもなかったともいわれています。しかし、会話《かいわ》がたくみで、多《おお》くの国《くに》の言葉《ことば》をすらすらと話《はな》し、豊《ゆた》かな教養《きょうよう》の持《も》ち主《ぬし》であったため、そのことがクレオパトラをより美《うつく》しく見《み》せたとされています。ただ美《うつく》しいのではなく、美《うつく》しい以上《いじょう》にすぐれたクレオパトラの知性《ちせい》によって、ひと目会《めあ》っただけでそのとりこになった男《おとこ》の人《ひと》がたくさんいたことでしょう。

日本で
世代《せだい》をこえて
愛《あい》されている作家《さっか》

宮《みや》沢《ざわ》賢《けん》治《じ》

文・星　明子
絵・福田ゆうこ

あなたは、宮沢賢治《みやざわけんじ》の童話《どうわ》や詩《し》を読《よ》んだことがあるでしょうか。『風《かぜ》の又《また》三郎《さぶろう》』『注文《ちゅうもん》の多《おお》い料理店《りょうりてん》』『やまなし』『銀河鉄道《ぎんがてつどう》の夜《よる》』『雨《あめ》ニモマケズ』など、絵本《えほん》や本《ほん》だけでなく、教科書《きょうかしょ》にものっているものがあるので、題名《だいめい》を知《し》っている人《ひと》も多《おお》いでしょう。子《こ》どもでも読《よ》めるお話《はなし》がたくさんありますが、大人《おとな》のファンが多《おお》いのも、賢治《けんじ》の作品《さくひん》の特《とく》ちょうです。

宮沢賢治《みやざわけんじ》の童話《どうわ》の世界《せかい》を、ちょっとのぞいてみましょう。

賢治《けんじ》のえがく世界《せかい》では、風《かぜ》もふつうにはふきません。たとえば、『風《かぜ》の又《また》三郎《さぶろう》』の中《なか》で、風《かぜ》は、「どっどど どどうど どどうど どどう」と、ふきます。おや、むこうから、電柱《でんちゅう》が行進《こうしん》してきました。「ドッテテドッテテ、ドッテテド」。これは、『月夜《つきよ》のでんしんばしら』のワンシーンです。そのほかにも、信号機《しんごうき》が愛《あい》の告白《こくはく》をしたり、動物《どうぶつ》をかりに出《で》かけた二人《ふたり》のしんしが、あべこべに食《た》べられそうになったりなど、不思議《ふしぎ》なことがいろいろと起《お》きます。

こんなお話《はなし》を百年《ひゃくねん》ほど前《まえ》に書《か》いた宮沢賢治《みやざわけんじ》とは、いったい、どんな人《ひと》だったのでしょうか。

宮沢賢治《みやざわけんじ》は、一八九六年《ねん》、岩手県《いわてけん》の花巻川口町《はなまきかわぐちまち》（現在《げんざい》の花巻市《はなまきし》豊沢町《とよさわちょう》）に生《う》まれました。

賢治《けんじ》は、自然《しぜん》が大好《だいす》きな子《こ》でした。運動《うんどう》は大《だい》の苦手《にがて》なのに、山《やま》の中《なか》ではとびぬけて速《はや》く歩《ある》けました。ひとりで山《やま》にいるのも好《す》きでした。自然《しぜん》の音《おと》が、人《ひと》のおしゃべりのように聞《き》こ

えてくるのです。

川《かわ》や山《やま》で、石集《いしあつ》めにも熱中《ねっちゅう》しました。

「石《いし》をわると、きらきらした面《めん》が見《み》えるよ。

おもしろいなあ。」

部屋《へや》を開《あ》ければ、たくさんの石《いし》が転《ころ》がっているというありさまです。友《とも》だちや家族《かぞく》からは「石《いし》コ賢《けん》さん」と、言《い》われていました。

賢治《けんじ》の作品《さくひん》にも宝石《ほうせき》が登場《とうじょう》します。空《そら》の色《いろ》や太陽《たいよう》・月《つき》・星《ほし》・海《うみ》などを、ダイヤモンドやラピスラズリ、こはくなどに例《たと》えています。賢治《けんじ》には、美《うつく》しい空《そら》が、本当《ほんとう》に宝石《ほうせき》のように見《み》えていたのです。自然《しぜん》のきらめきを、びん感《かん》にキャッチして言葉《ことば》にしたのです。

また、賢治《けんじ》は単《たん》に「やさしい」という言葉《ことば》では言《い》いあらわせないほど、

やさしい子《こ》でした。

たとえば、こんな話《はなし》が残《のこ》っています。

賢治《けんじ》の友《とも》だちが、水《みず》の入《はい》ったお茶《ちゃ》わんを持《も》って、学校《がっこう》のろうかに立《た》たされていました。

「どうしたの。」

「悪《わる》いことをしたばつで、先生《せんせい》に立《た》たされているんだ。」

「なぜ、水《みず》の入《はい》ったお茶《ちゃ》わんを持《も》っているの。」

「こぼしたらいけないって言《い》われた。こぼしたら、もっとおこられる……。」

友《とも》だちの目《め》には、なみだがいっぱいたまっています。賢治《けんじ》の目《め》にもなみだがこみあげてきました。と、そのときです。賢治《けんじ》はいきなり手《て》を出《だ》し、お茶《ちゃ》わんの水《みず》をぐいぐいと飲《の》んでしまいました。

「ほら、これでもう水《みず》はこぼれないよ。」

賢治《けんじ》の家《いえ》は質屋《しちや》（着物《きもの》や道具《どうぐ》などをあずかり、代《か》わりにお金《かね》を貸《か》す商売《しょうばい》）をしていて、大変《たいへん》なお金持《かねも》ちでした。お父《とう》さんは、長男《ちょうなん》の賢治《けんじ》に、あとをついでほしいと思《おも》っていました。でも、やさしすぎる賢治《けんじ》は、商売《しょうばい》が苦手《にがて》でした。お金《かね》を借《か》りに来《き》た人《ひと》に、物《もの》をあずからずに、お金《かね》をわたしてしまうのです。これ

ではお金《かね》をあげているのと変《か》わらず、商売《しょうばい》になりません。様子《ようす》を見《み》ていたお父《とう》さんは、「賢治《けんじ》に商売《しょうばい》は向《む》いていない」と、進学《しんがく》をさせることにしました。賢治《けんじ》は大喜《おおよろこ》びで勉強《べんきょう》し、盛岡高等農林学校《もりおかこうとうのうりんがっこう》（現在《げんざい》の岩手大学農学部《いわてだいがくのうがくぶ》）に一番《いちばん》の成績《せいせき》で入学《にゅうがく》しました。卒業《そつぎょう》しても、土《つち》や肥料《ひりょう》の研究《けんきゅう》を続《つづ》けます。そして、このころから、あふれるように童話《どうわ》を書《か》きはじめます。

賢治《けんじ》は、その後《ご》、農業学校《のうぎょうがっこう》の先生《せんせい》になりました。

「地元《じもと》で農業《のうぎょう》をするみなさんは、岩手県《いわてけん》のことを知《し》ることが大事《だいじ》です。日本全国《ぜんこく》のことが書《か》いてある教科書《きょうかしょ》を使《つか》っても、意《い》味《み》がありません。」

と言《い》い、教科書《きょうかしょ》は使《つか》いませんでした。代《か》わりに、農業《のうぎょう》に必要《ひつよう》な、いろいろなことを話《はな》しました。賢治《けんじ》は、知識《ちしき》が豊富《ほうふ》で話《はなし》も上手《じょうず》です。話《はなし》の中《なか》には、大学《だいがく》で習《なら》うようなむずかしいこともありましたが、生徒《せいと》たちはわくわくしながら聞《き》くので、中身《なかみ》がするすると頭《あたま》に入《はい》ります。

学校《がっこう》の先生《せんせい》をしながらも、童話《どうわ》や詩《し》をせっせと書《か》きつづけました。賢治《けんじ》

先生《せんせい》の作《つく》ったげきを、生徒《せいと》たちが演《えん》じたりもしました。

ところが、そんな中《なか》、妹《いもうと》のトシが肺結核《はいけっかく》でなくなってしまいます。トシは賢治《けんじ》の作品《さくひん》のよき理解者《りかいしゃ》でした。賢治《けんじ》の作品《さくひん》が多《おお》くの人《ひと》に読《よ》まれることを楽《たの》しみにしていましたが、その日《ひ》を待《ま》たずになくなってしまったのです。

賢治《けんじ》は、悲《かな》しみのあまり、しばらく作品《さくひん》が書《か》けなくなり、旅《たび》に出《で》ました。

この旅《たび》を通《つう》じて生《う》まれたのが最高《さいこう》けっ作《さく》ともいわれる『銀河鉄道《ぎんがてつどう》の夜《よる》』で

す。その後《ご》も先生《せんせい》を続《つづ》けていましたが、賢治《けんじ》の中《なか》にある考《かんが》えがふくらんできます。

賢治《けんじ》は、農業《のうぎょう》をすばらしい仕事《しごと》だと思《おも》っていました。だから、生徒《せいと》たちには、卒業後《そつぎょうご》に農業《のうぎょう》をしてほしいと願《ねが》っていました。でも、願《ねが》いとはうらはらに、みんな役所《やくしょ》につとめたり会社《かいしゃ》につとめたりしてしまいます。

（生徒《せいと》たちが農業《のうぎょう》をしないのは、天候《てんこう》に左《さ》右《ゆう》され、大変《たいへん》なわりにくらしがよくならない仕事《しごと》だからだ。それなら、自分《じぶん》がまず、農業《のうぎょう》をやってみせなくては。農家《のうか》のくらしを変《か》えなくては。）

思《おも》いつめた賢治《けんじ》は、楽《たの》しかった学校《がっこう》をやめ、竹《たけ》やぶを開《ひら》いて自《みずか》ら農業《のうぎょう》を始《はじ》めました。

「世界全体《せかいぜんたい》が幸福《こうふく》にならないうちは、個人《こじん》の幸福《こうふく》はあり得《え》ない。」

そう考《かんが》えて、羅須地人協会《らすちじんきょうかい》という会《かい》を作《つく》り、農業《のうぎょう》の勉強会《べんきょうかい》をしました。二千戸分《せんこぶん》の肥料《ひりょう》を、田《た》んぼに合《あ》わせて考《かんが》え、おすすめの作物《さくもつ》を教《おし》えました。チェロ（セロ）をひいてきかせたり、子《こ》どもたちに童話《どうわ》を読《よ》んだりもしました。意気《いき》ごんで始《はじ》めたのですが、農業《のうぎょう》も協会《きょうかい》も、なかなかうまくいきません。せっかく肥料《ひりょう》の配合《はいごう》を考《かんが》えてあげても、天候《てんこう》が悪《わる》くて不作《ふさく》になると、賢治《けんじ》のせいではなくても、「金《かね》を返《かえ》せ」と、おこられることもありました。

　こうした無理《むり》な生活《せいかつ》がたたって、賢治《けんじ》は病気《びょうき》になってしまいました。有《ゆう》名《めい》な『雨《あめ》ニモマケズ』という詩《し》は、病気《びょうき》になった賢治《けんじ》が、手帳《てちょう》に書《か》いたものです。

雨《あめ》ニモマケズ
風《かぜ》ニモマケズ
雪《ゆき》ニモ夏《なつ》ノ暑《あつ》サニモマケヌ
丈夫《じょうぶ》ナカラダヲモチ
欲《よく》ハナク
決《けっ》シテイカラズ

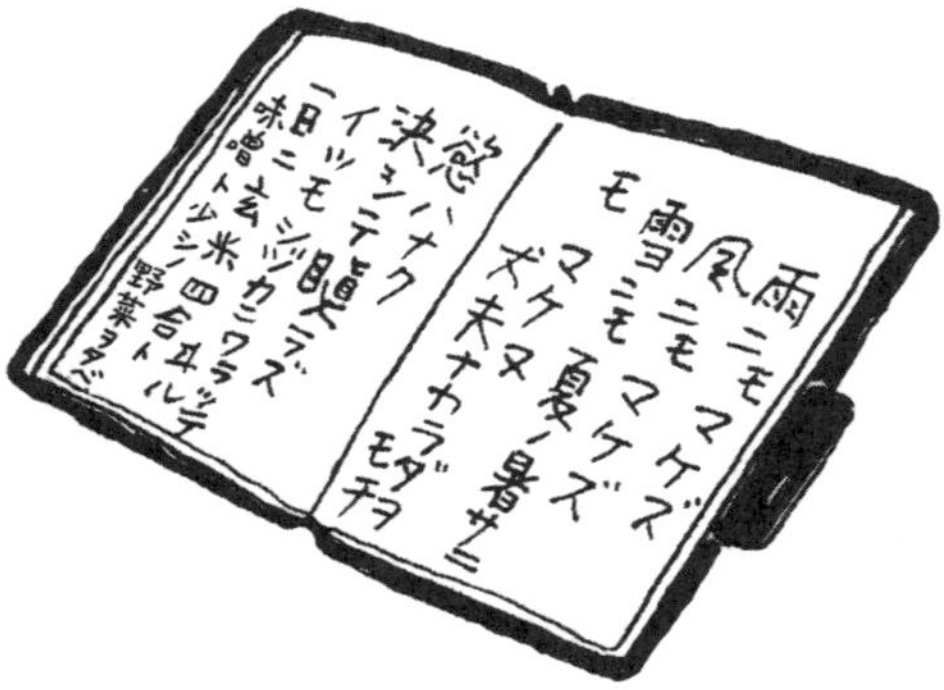

イツモシヅカニワラッテイル

賢治《けんじ》は最後《さいご》に、「ソウイウモノニ　ワタシハナリタイ」と、書《か》きました。思《おも》うようにできなかったくやしさとともに、あきらめない気《き》持《も》ちが伝《つた》わってきます。

賢治《けんじ》は、三十七歳《さい》でこの世《よ》を去《さ》りました。なくなる直前《ちょくぜん》まで作品《さくひん》を書《か》きつづけ、手《て》を入《い》れました。生《い》きている間《あいだ》には、詩集《ししゅう》が一さつと童話集《どうわしゅう》が一さつ出《で》ただけでした。でも、時《とき》がたてばたつほど、賢治《けんじ》の作品《さくひん》や生《い》き方《かた》に共《きょう》

感《かん》する人《ひと》が増《ふ》えていきました。
今《いま》、賢治《けんじ》の作品《さくひん》は、子《こ》どもから大人《おとな》まで、人《ひと》びとに広《ひろ》く愛《あい》されています。賢治《けんじ》が感《かん》じたこと、考《かんが》えたことを言葉《ことば》で残《のこ》してくれたおかげで、わたしたちもいっしょにその世界《せかい》をのぞいたり、感《かん》じたりすることができるのです。

宮沢賢治《みやざわけんじ》
（一八九六〜一九三三年《ねん》）

賢治《けんじ》が好《す》きだったおそば屋《や》さん

賢治《けんじ》が農業学校《のうぎょうがっこう》の教員《きょういん》だったころ、よく通《かよ》っていた「やぶ屋《や》」というそば屋《や》がありました。やぶ屋《や》のメニューの中《なか》で、賢治《けんじ》の好物《こうぶつ》は天《てん》ぷらそばでした。また、サイダーも好物《こうぶつ》で、賢治《けんじ》が「一ぱい飲《の》みましょうか」とさそうのは、お酒《さけ》ではなくサイダーのことで、いつも天《てん》ぷらそばとセットで注文《ちゅうもん》しました。賢治《けんじ》はよく「ブッシュに行《い》くぞ」と言《い》って、生徒《せいと》を「やぶ屋《や》」へ連《つ》れだしました（「やぶ（藪《やぶ》）」を英語《えいご》でいうと「ブッシュ」だから）。

国際赤十字《こくさいせきじゅうじ》を作《つく》った デュナン

文・栗田佳織
絵・堀口順一朗

戦争《せんそう》や自然災害《しぜんさいがい》できずついた人《ひと》たちを国《くに》や人種《じんしゅ》に関係《かんけい》なく助《たす》ける「国際赤《こくさいせき》十字《じゅうじ》」。シンボルマークの白地《しろじ》に赤《あか》い十字《じゅうじ》の旗《はた》をみなさんも目《め》にしたことがあるでしょう。この国際赤十字《こくさいせきじゅうじ》を作《つく》ったのが、アンリー・デュナンです。

デュナンは一八二八年《ねん》、スイスで生《う》まれました。家《いえ》はゆうふくでしたが、やさしい子《こ》に育《そだ》ってほしいと思《おも》ったお母《かあ》さんは小《ちい》さいデュナンを孤児院《こじいん》や養《よう》老院《ろういん》に連《つ》れていき、いっしょに手伝《てつだ》いやお世話《せわ》をさせました。そうした経験《けいけん》から、デュナンの心《こころ》には、こまっている人《ひと》や助《たす》けを必要《ひつよう》としている人《ひと》たちの役《やく》に立《た》ちたいという思《おも》いが強《つよ》く根付《ねづ》いたのです。

やがて大人《おとな》になったデュナンは、アルジェリアにわたりました。そこで人《ひと》びとの貧《まず》しいくらしを目《め》にし、その人《ひと》たちが働《はたら》けるように小麦粉《こむぎこ》を作《つく》る会社《かいしゃ》を起《お》こしたのです。そして三十一歳《さい》のとき、会社《かいしゃ》への支援《しえん》をたのもうとフランス皇帝《こうてい》に会《あ》いに行《い》くとちゅう、北《きた》イタリアのソルフェリーノという村《むら》を通《とお》りました。当時《とうじ》、ヨーロッパではいたるところで戦争《せんそう》が起《お》きていました。ソルフェリーノは、イタリア・フランス連合《れんごう》とオーストリア間《かん》の戦争《せんそう》の激戦地《げきせんち》です。そこで、デュナンは目《め》の前《まえ》の光景《こうけい》にがく然《ぜん》とします。

「これはいったい……なんてことだ。」

体中《からだじゅう》から血《ち》を流《なが》し、うめき声《ごえ》をあげる者《もの》、足《あし》や手《て》をなくした者《もの》がひしめいています。すでに息《いき》をしていない者《もの》も何人《なんにん》かいました。

臨時《りんじ》の病院《びょういん》となった教会《きょうかい》には負傷兵《ふしょうへい》がすきまなくつめこまれ、手当《てあ》てもされないまま放置《ほうち》されていました。負傷兵《ふしょうへい》の中《なか》にはてきの兵士《へいし》も混《ま》じっています。病院《びょういん》といっても医者《いしゃ》のすがたはありません。町《まち》の人数人《ひとすうにん》が手当《てあ》てにあたっているだけです。

「み、水《みず》がほしい。」

かすれ声《ごえ》でつぶやく兵士《へいし》に気《き》づいたデュナンはあわてて水《みず》をくみ、兵士《へいし》の口《くち》に注《そそ》ぎいれました。さらに負傷兵《ふしょうへい》たちの間《あいだ》をかけまわり手当《てあ》てをしようとしますが、うまくできません。とにかく手《て》が足《た》りないのです。こまったデュナンは町《まち》の人《ひと》たちに声《こえ》をかけ、協力《きょうりょく》をたのみました。

「負傷兵《ふしょうへい》を助《たす》けたいのです。手《て》を貸《か》してもらえませんか。」

デュナンのよびかけに応《こた》えた町《まち》の人《ひと》たちが集《あつ》まり、一生《いっしょう》けん命《めい》負傷兵《ふしょうへい》の手当《てあ》てをしてくれました。てきも味方《みかた》も関係《かんけい》ありません。中《なか》でも女《おんな》の人《ひと》た

ちがどろや血《ち》だらけになりながら、自分《じぶん》の子《こ》どもの世話《せわ》をする母親《ははおや》のように兵士《へいし》たちを助《たす》けるすがたに、デュナンはむねがいっぱいになりました。

さらにデュナンは、ほりょとなっているオーストリア人《じん》の医師《いし》を解放《かいほう》し、負傷兵《ふしょうへい》の治《ち》りょうをしてもらうようフランス軍《ぐん》にお願《ねが》いしました。とてもむずかしい願《ねが》いですが、デュナンの情熱《じょうねつ》に打《う》たれたフランス軍《ぐん》の幹部《かんぶ》はその願《ねが》いを聞《き》きいれました。しゃく放《ほう》されたた多《おお》くのオーストリア人《じん》医師《いし》は、てき味《み》方関係《かたかんけい》なく熱心《ねっしん》に負傷兵《ふしょうへい》を治《ち》りょうし、多《おお》くの命《いのち》を救《すく》ったのです。

ソルフェリーノでのできごとから、デュナンは思《おも》いました。

（人間《にんげん》はみなきょうだいだ。戦争《せんそう》は国《くに》や民族同士《みんぞくどうし》の争《あらそ》いで、人《ひと》と人《ひと》の争《あらそ》いではない。どんな悲《ひ》さんな状《じょう》きょうでも人間《にんげん》の善意《ぜんい》はなくならないんだ。）

帰国後《きこくご》、デュナンはこのときの体験《たいけん》を本《ほん》に書《か》きます。本《ほん》は、発売《はつばい》とともに話題《わだい》になりました。

ある日《ひ》、法律家《ほうりつか》のモアニエがデュナンをたずねてきて、言《い》いました。

「デュナンさんの本《ほん》を読《よ》んで感動《かんどう》しました。わたしたちといっしょに、この考《かんが》えを世界中《せかいじゅう》に広《ひろ》めませんか。」

モアニエは、本《ほん》に書《か》いてある「戦場《せんじょう》であろうと、負傷兵《ふしょうへい》は、てき味方関《みかたかん》係《けい》なく助《たす》けるべきだ」という考《かんが》えを、きちんとした決《き》まりにしようというのです。もちろんデュナンにはうれしい話《はなし》です。さっそく仲間《なかま》を集《あつ》め、さまざまな活動《かつどう》を始《はじ》めました。そして、一八六三年《ねん》、ジュネーブで行《おこな》われた国際会議《こくさいかいぎ》で、デュナンたちはうったえたのです。

「戦場《せんじょう》であろうと、けがをした者《もの》はすべて、てき味方《みかた》なく中立《ちゅうりつ》の立場《たちば》で助《たす》けるべきです。」

参加《さんか》した十六か国《こく》すべてが、この考《かんが》えに賛成《さんせい》しました。この考《かんが》えを表《あらわ》すシンボルマークを白地《しろじ》に赤《あか》い十字《じゅうじ》……赤十字《せきじゅうじ》としました。デュナンの祖国《そこく》スイスの国旗《こっき》の赤《あか》と白《しろ》の色《いろ》を反対《はんたい》にしたものです。翌《よく》一八六四年《ねん》、「赤十《せきじゅう》字《じ》の旗《はた》がかかげられた場所《ばしょ》ではこうげきを止《や》めて中立《ちゅうりつ》を守《まも》る」というジュネーブ赤十字《せきじゅうじ》条約《じょうやく》が国際的《こくさいてき》な決《き》まりになり、「国際赤十字《こくさいせきじゅうじ》」が発足《ほっそく》しました。

「ジュネーブ赤十字条約《せきじゅうじじょうやく》」が結《むす》ばれてから約《やく》五年後《ねんご》。四十一歳《さい》のデュナンは、フランス・パリの下町《したまち》でひとり貧《まず》しくくらしていました。

赤十字《せきじゅうじ》をモアニエたちに任《まか》せ、アルジェリアの会社《かいしゃ》をやり直《なお》そうとしたデュナンでしたが、お金《かね》が足《た》りずに失敗《しっぱい》。一文《いちもん》なしになり、にげるようにパリにやってきたのです。友人《ゆうじん》たちもみな去《さ》っていきました。

お金《かね》もなく、だれからも信《しん》じてもらえない孤独《こどく》な日《ひ》びが続《つづ》き、デュナンは笑《わら》うことすら、わすれていました。もはやだれかの役《やく》に立《た》ちたいという思《おも》いはわきません。

「わたしはなんのために生《い》きているのだろう……。」

そこには「人間《にんげん》の善意《ぜんい》」を信《しん》じて中立《ちゅうりつ》を唱《とな》えた偉大《いだい》な人物《じんぶつ》の面《おも》かげは、全《まった》くありませんでした。

でもデュナンの心《こころ》の灯《ひ》は、完全《かんぜん》に消《き》えていたわけではなかったのです。

一八七〇年《ねん》、フランスとドイツの間《あいだ》で戦争《せんそう》が始《はじ》まり、デュナンが住《す》むパリの町《まち》にも戦火《せんか》がおしよせてきました。美《うつく》しいパリの通《とお》りに、じゅうだんが飛《と》びかい、たくさんの負傷兵《ふしょうへい》が折《お》りかさなっています。フランス兵《へい》だけではありません。ドイツ兵《へい》もきずつき、たおれています。

「なんということだ。あのときと同《おな》じだ。」

デュナンの頭《あたま》の中《なか》に、あのソルフェリーノのむごい光景《こうけい》がうかびました。

その瞬間《しゅんかん》、デュナンは自分《じぶん》の部屋《へや》にもどり、大切《たいせつ》に持《も》っていた赤十字《せきじゅうじ》の旗《はた》を取《と》りだしました。そして、じゅうだんが飛《と》びかう中《なか》へ飛《と》びだしたのです。

まわりの人《ひと》たちはあわてて止《と》めようとしましたが、デュナンは構《かま》わず、旗《はた》を高《たか》くかかげ、大声《おおごえ》でさけびました。

「ほうげきをやめろ。これは赤十字《せきじゅうじ》の旗《はた》だ。」

何度《なんど》も旗《はた》をふり、大声《おおごえ》でさけびつづ

けます。

「これは赤十字《せきじゅうじ》の旗《はた》だ。うつな。」

じゅう声《せい》が少《すこ》しずつおさまり、やがて両方《りょうほう》のこうげきが止《や》みました。

『赤十字《せきじゅうじ》の旗《はた》がかかげられた場所《ばしょ》ではこうげきを止《や》めて中立《ちゅうりつ》を守《まも》る。』

フランス軍《ぐん》もドイツ軍《ぐん》も「ジュネーブ赤十字条約《せきじゅうじじょうやく》」を守《まも》ったのです。デュナンが必死《ひっし》でうったえた、てきも味方《みかた》も関係《かんけい》ない人間《にんげん》の愛《あい》は、しっかりと広《ひろ》まっていたのです。デュナンのほほをなみだが伝《つた》いました。

「わたしがやってきたことは、まちがっていなかったのだ。」

高《たか》くかかげた赤十字《せきじゅうじ》の旗《はた》のもと、負傷兵《ふしょうへい》たちは病院《びょういん》へ運《はこ》ばれていきました。

熱意《ねつい》を取《と》りもどしたデュナンは、その後《ご》も地道《じみち》に活動《かつどう》を続《つづ》け、一九〇一年《ねん》、第《だい》一回《かい》ノーベル平和賞《へいわしょう》を受賞《じゅしょう》しました。赤十字設立《せきじゅうじせつりつ》の功績《こうせき》がみとめられたのです。そして一九一〇年《ねん》、八十二歳《さい》でその生《しょう》がいを終《お》えました。

デュナンが唱《とな》えた「人間《にんげん》の善意《ぜんい》」を基本《きほん》に、「国際赤十字《こくさいせきじゅうじ》」は今《いま》も世界《せかい》中《じゅう》で支援活動《しえんかつどう》を行《おこな》っています。

ジャン・アンリー・デュナン（一八二八～一九一〇年《ねん》）

デュナンとナイチンゲール

デュナンが戦場《せんじょう》で救護活動《きゅうごかつどう》を行《おこな》ったきっかけの一つは、同《おな》じく戦場《せんじょう》で兵士《へいし》たちの救護活動《きゅうごかつどう》を行《おこな》ったナイチンゲールを尊敬《そんけい》していたことがあげられます。そのナイチンゲールは、デュナンにあてた手《て》紙《がみ》の中《なか》で、最初《さいしょ》は国際赤十字《こくさいせきじゅうじ》の考《かんが》え方《かた》に反対《はんたい》していました。それは、赤十字《せきじゅうじ》のやるような活動《かつどう》は、本来各国政府《ほんらいかっこくせいふ》が行《おこな》うべきものだと考《かんが》えていたからです。しかし、やがてナイチンゲールも赤十字《せきじゅうじ》の発展《はってん》に協力《きょうりょく》することになるのです。

迫害《はくがい》と差別《さべつ》に負《ま》けず、
未来《みらい》への希望《きぼう》を
失《うしな》わなかった少女《しょうじょ》

アンネ・フランク

文・入澤宣幸
絵・中島みなみ

オランダのアムステルダム。十三時《じ》十五分《ふん》を告《つ》げる、教会《きょうかい》のかねが鳴《な》りました。部屋《へや》の中《なか》で息《いき》をひそめていたアンネたちは、昼《ちゅう》食《しょく》の準備《じゅんび》を始《はじ》めました。

「わあい、おなかぺこぺこ。きょうはジャガイモ多《おお》めでうれしいな。」

十三歳《さい》のアンネは、はしゃいでいます。

「食事中《しょくじちゅう》にうるさい子《こ》だね。ぎょうぎが悪《わる》い。」

ペルスおばさんがにらんできます。

「それにほかの野菜《やさい》も食《た》べなくちゃだめでしょ。ほんとにしつけがなってないんだから。うちの子《こ》に生《う》まれていたら、こうは育《そだ》たなかったわね。」

「なんですって。」

これにはアンネのお母《かあ》さんもおこります。

「あたしだって、おばさんの子《こ》じゃなくてよかった。」

「アンネ、言《い》いすぎだぞ。おくさんも、もうやめましょうよ。」

けんかになると、いつもお父《とう》さんがわってはいります。実際《じっさい》いつまで

も言《い》いあらそっているひまはありません。すぐに交《こう》たいでトイレへ行《い》き、ふたたび夜《よる》まで音《おと》を一切《いっさい》立《た》てない生活《せいかつ》をしなければならないのですから。

一九四二年《ねん》、アンネたちは、お父《とう》さんの会社《かいしゃ》にあるひみつの部屋《へや》をかくれ家《が》にしてくらしていました。回転式本《かいてんしきほん》だなの裏側《うらがわ》が部屋《へや》への入《い》り口《ぐち》です。アンネと、お姉《ねえ》さんのマルゴーを入《い》れた四人家族《にんかぞく》、ペルス一家《いっか》の三人《にん》、

そして歯科医《しかい》のプフェファーさんの八人《にん》がいっしょです。全員《ぜんいん》ユダヤ人《じん》でした。ユダヤ人《じん》というだけで、見《み》つかると収容所《しゅうようじょ》へ連《つ》れていかれてしまうので、こうしてかくれているのです。音《おと》を立《た》てられるのは、会社《かいしゃ》の人《ひと》がいない夜《よる》と、昼《ひる》休《やす》みだけなのです。

ペルス家《け》には、ペーターというアンネより二歳年上《さいとしうえ》の男《おとこ》の子《こ》がいました。ペーターはおとなしい子《こ》で、アンネにはたよりなく見《み》えま

した。しかし、ペルスおばさんや歯科医《しかい》のプフェファーさんからは、ペーターに比《くら》べてアンネはおしゃべりでなまいきだと言《い》われました。お姉《ねえ》さんのマルゴーは、大人《おとな》の言《い》うことをよく聞《き》く優等生《ゆうとうせい》だったので、アンネはお母《かあ》さんにまでマルゴーと比《くら》べられ、しかられました。

「キティー、いつまでこんなことが続《つづ》くのでしょう……。」

キティーというのは、アンネが十三歳《さい》の誕生日《たんじょうび》にお父《とう》さんからプレゼントされた日記帳《にっきちょう》です。アンネは日記帳《にっきちょう》に名前《なまえ》をつけて、親友《しんゆう》に語《かた》るように悲《かな》しみやいかりを書《か》きつづっていました。

アンネは、ドイツで生《う》まれましたが、一九三三年《ねん》にユダヤ人《じん》の迫害《はくがい》が始《はじ》まったので、翌年《よくねん》、オランダへにげてきたのです。

ユダヤ人《じん》は、二千年《せんねん》以上昔《いじょうむかし》、国《くに》をうばわれ、ヨーロッパなど各地《かくち》にちらばって生活《せいかつ》している民族《みんぞく》です。低《ひく》い身分《みぶん》にあつかわれ、金貸《かねか》しなどの仕事《しごと》

HOLLAND
GERMANY
POLAND
FRANCE
SWISS
Jood

しかできない時代《じだい》がありました。そのために、かえってお金持《かねも》ちのユダヤ人《じん》が増《ふ》えたのでした。アンネのお父《とう》さんも会社《かいしゃ》の社長《しゃちょう》で、くらしは豊《ゆた》かでした。

一方《いっぽう》そのころのドイツは、世界《せかい》をまきこんだ大不《だいふ》きょうのせいで、国中《くにじゅう》に失業者《しつぎょうしゃ》があふれていました。

そこへ現《あらわ》れたのがナチスという政治《せいじ》団体《だんたい》を率《ひき》いるヒトラーです。

ヒトラーは、ドイツ人《じん》が苦《くる》しむのは、ユダヤ人《じん》がドイツ人《じん》から仕事《しごと》をうばっているからだと言《い》いました。そして、

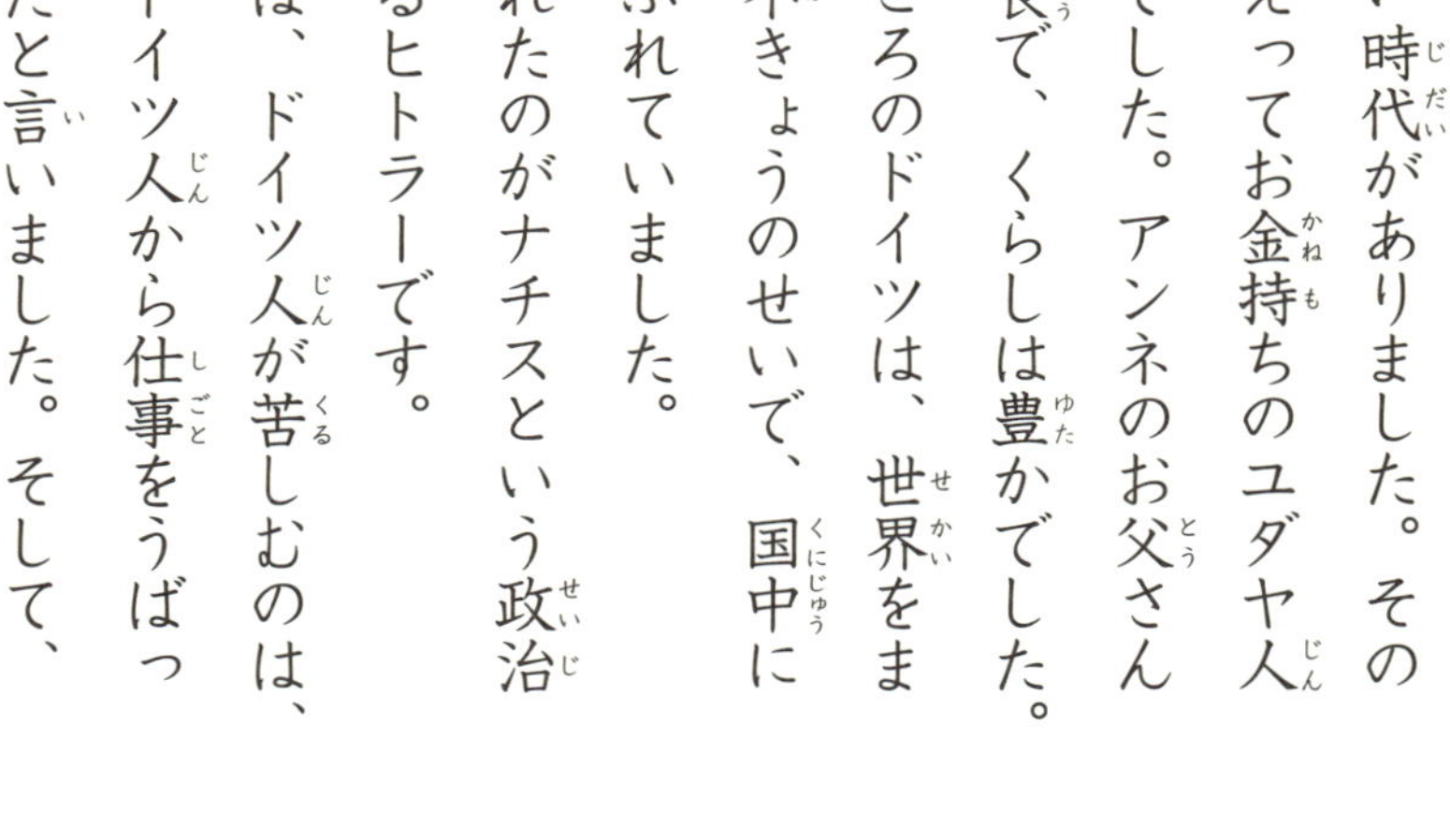

ドイツを強《つよ》い国《くに》に立《た》てなおすという理《り》由《ゆう》でユダヤ人《じん》から仕事《しごと》を取《と》りあげ、国《くに》から追《お》いだす政策《せいさく》を始《はじ》めました。

その後《ご》、ヒトラー率《ひき》いるナチスドイツはまわりの国《くに》へせめこみ、第《だい》二次《じ》世《せ》界大戦《かいたいせん》が始《はじ》まりました。ナチスドイツはオランダもせん領《りょう》したため、オランダでもユダヤ人《じん》の迫害《はくがい》が始《はじ》まりました。ユダヤ人《じん》は、何《なに》もしていなくても道《みち》で秘密警察《ひみつけいさつ》に囲《かこ》まれ、連《つ》れさられていきました。

「このままでは危険《きけん》だ。家《いえ》を出《で》て全員《ぜんいん》

でかくれよう。」

「ネコのモールチェも連《つ》れていっていいでしょ。」

「アンネ、つらいかもしれないが、それはできない。モールチェの鳴《な》き声《ごえ》が聞《き》こえて、かくれていることがわかったら、大変《たいへん》だろう。」

アンネは、なみだが止《と》まりませんでした。アンネは学校《がっこう》では人気者《にんきもの》でしたが、仲良《なかよ》しの友《とも》だちにさようならを言《い》うこともできませんでした。

こうして、まさに息《いき》のつまるような

生活《せいかつ》を、もう一年半《ねんはん》続《つづ》けているのです。ペルスおばさんは、みんなで分《わ》けなければならない食《た》べ物《もの》をちょっぴり多《おお》めに食《た》べることがあります。同《おな》じ部屋《へや》になったプフェファーさんも、一つしかないつくえをアンネに貸《か》してくれないことがあります。

「人《ひと》はどうして仲良《なかよ》くできないのだろう。なぜ戦争《せんそう》をするのかな。」

アンネはふと考《かんが》えるようになりました。いっしょにいればいるほど、相《あい》手《て》のいやなところが気《き》になってくるものです。

（わたしもわがままでやさしさが欠《か》けていたのかもしれない……。）

アンネは、そんな気《き》持《も》ちも素直《すなお》に日記《にっき》のキティーに書《か》いていきました。おだやかな文章《ぶんしょう》を書《か》くと、キティーもアンネをおだやかな気《き》持《も》ちにしてくれます。アンネは、お母《かあ》さんもペルスおばさんたちも、自分《じぶん》と同《おな》じように悲《かな》しくつらい思《おも》いをしているのかもしれないと気《き》づきました。すると、不思議《ふしぎ》なことに、みんなを許《ゆる》したい気《き》持《も》ちがいずみのように広《ひろ》がるのでした。

やがて、アンネはペーターとも

話《はなし》をするようになりました。

「みんな、もう少《すこ》し仲良《なかよ》くなれるといいよね。」

と言《い》うペーターの言葉《ことば》に、アンネはペーターの細《こま》やかな心配《こころくば》りを感《かん》じました。アンネは、だんだんペーターにひかれていきました。

アンネは、人《ひと》を好《す》きになることがどれほどとうといか、好《す》きになる気持《きも》ちだけで人《ひと》はどんなに幸《しあわ》せになれるかを知《し》りました。そして、好《す》きときらいはちょっとしたきっかけで変《か》わること、心《こころ》のあり方次第《かたしだい》なのだと気《き》づき、おどろきました。

（今《いま》ユダヤ人《じん》は苦《くる》しい思《おも》いをしているけれど、戦争《せんそう》が終《お》われば、がんばった民族《みんぞく》として世界《せかい》のお手本《てほん》になれるにちがいない。）

いつのまにか、ユダヤ人《じん》としてのほこりを持《も》つようになりました。

しかし……、日記《にっき》は一九四四年《ねん》八月《がつ》一日《ついたち》から先《さき》、書《か》かれることはありませんでした。秘密警察《ひみつけいさつ》にかくれ家《が》が見《み》つかり、アンネたちは全員《ぜんいん》、ユダヤ人《じん》の収容所《しゅうようじょ》に連《つ》れていかれたのです。マルゴーとアンネは同《おな》じ収容所《しゅうようじょ》に入《い》れられました。

一九四五年《ねん》三月《がつ》、二人《ふたり》はそこではやっていた病気《びょうき》にかかり、ねむるように息《いき》をひきとりました。ア

ンネは十五歳《さい》でした。

アンネの死《し》から、わずか二か月後《げつご》、ドイツが負《ま》け、戦争《せんそう》が終《お》わりました。いっしょにくらしていた人《ひと》たちの中《なか》で家《いえ》へもどってこられたのは、お父《とう》さんだけでした。アンネたちをかげで支《ささ》えてくれたオランダ人《じん》の一人《ひとり》が、アンネの日記帳《にっきちょう》をそっとお父《とう》さんに手《て》わたしました。かくれ家《が》に残《のこ》されたままだった日記《にっき》を大切《たいせつ》にとっておいてくれたのです。

日記《にっき》には「わたしの望《のぞ》みは、死《し》んでもなお生《い》きつづけること」と書《か》かれたところがあります。この思《おも》いどおり、『アンネの日記《にっき》』は、今《いま》でも世界中《せかいじゅう》の人《ひと》びとに読《よ》みつがれています。

アンネリース・マリー・フランク
（一九二九〜一九四五年《ねん》）

アンネたちの残《のこ》したもの

アンネは、かくれ家《が》で日記《にっき》を書《か》いて過《す》ごすうちに、将来《しょうらい》は作家《さっか》になりたいと考《かんが》えるようになりました。そして、つらい生活《せいかつ》を続《つづ》けながらも童話《どうわ》や詩《し》を書《か》きました。これらは『アンネの童話《どうわ》』として日本でもしょうかいされています。アンネたち八人《にん》が過《す》ごした「かくれ家《が》」は「アンネハウス」とよばれ、記念館《きねんかん》として公開《こうかい》されています。当時《とうじ》の様子《ようす》をそのまま残《のこ》したアンネたちの部屋《へや》に、世界中《せかいじゅう》からたくさんの人《ひと》がおとずれています。

人類史上《じんるいしじょう》初《はじ》めて
両極点《りょうきょくてん》への到達《とうたつ》を
果《は》たした探検家《たんけんか》

アムンゼン

文・こざきゆう
絵・中村頼子

雪《ゆき》と氷《こおり》の極寒《ごっかん》の世界《せかい》である南極《なんきょく》と北極《ほっきょく》には、それぞれ地球《ちきゅう》のてっぺんにあたる「南極点《なんきょくてん》」「北極点《ほっきょくてん》」があります。この二つの極点両方《きょくてんりょうほう》に到達《とうたつ》した、歴史上初《れきしじょうはじ》めての人物《じんぶつ》こそ、探検家《たんけんか》ローアル・アムンゼンです。

アムンゼンは一八七二年《ねん》、北極《ほっきょく》に近《ちか》い国《くに》ノルウェーに生《う》まれました。ノルウェーは昔《むかし》から漁業《ぎょぎょう》や貿易《ぼうえき》がさかんな国《くに》です。海《うみ》や船《ふね》は、アムンゼンにとって、ごくごく身近《みぢか》なものでした。また、港《みなと》に遊《あそ》びに行《い》くたびに、船乗《ふなの》りたちから聞《き》かされる海《うみ》の探検《たんけん》の話《はなし》に、わくわくしていました。

十五歳《さい》ごろ、アムンゼンは『北極探検記《ほっきょくたんけんき》』という本《ほん》と出会《であ》います。イギリスの探検家《たんけんか》フランクリンが、北西航路《ほくせいこうろ》を発見《はっけん》しようとする探検記《たんけんき》です。北極海《ほっきょくかい》北西航路《ほくせいこうろ》は大西洋《たいせいよう》から北極海《ほっきょくかい》を通《とお》って太平洋《たいへいよう》にぬける海《うみ》の道《みち》です。北極海《ほっきょくかい》のきびしい自然《しぜん》に勇《ゆう》かんに立《た》ちむかい、あと一歩《いっぽ》で探検《たんけん》に成功《せいこう》というところで命《いのち》を落《お》としたフランクリンの話《はなし》に、アムンゼンは心《こころ》を打《う》たれました。

「フランクリンは、どれほどくやしかっただろう……。よし、いつかぼくもかれのような立派《りっぱ》な探検家《たんけんか》になって、北極海《ほっきょくかい》を探検《たんけん》するぞ。」

アムンゼンは、北極探検《ほっきょくたんけん》をするには、寒《さむ》さや苦《くる》しみにたえられる、強《つよ》い体《からだ》が必要《ひつよう》だと考《かんが》えました。そこで、体《からだ》をきたえました。さらに――

「ロ、ローアル、ばかなまねを。こごえしんでしまいますよ。」

アムンゼンのお母《かあ》さんは、びっくりしました。ノルウェーの冬《ふゆ》は、大変《たいへん》な寒《さむ》さです。それなのに、アムンゼンがまどを開《あ》けてねむっていたのですから。これは、どんな寒《さむ》さの中《なか》でもたえられるようになるために考《かんが》えた訓練《くんれん》でした。

また、アムンゼンは多《おお》くの探検記《たんけんき》を読《よ》み、探検《たんけん》が失敗《しっぱい》する原因《げんいん》の一つに、探検隊長《たんけんたいちょう》と船長《せんちょう》の二人《ふたり》がいるからだと気《き》がつきました。二人《ふたり》の意見《いけん》が分《わ》かれると、探検《たんけん》は思《おも》うように進《すす》まず、最悪《さいあく》の場合《ばあい》、死《し》ぬ危険《きけん》もあります。

「それなら、船長《せんちょう》の資格《しかく》を取《と》って、ぼくが隊長《たいちょう》と船長《せんちょう》をやればいいんだ。」

アムンゼンは船乗《ふなの》りとしての経験《けいけん》を積《つ》むため、ベルギーの南極調査船《なんきょくちょうさせん》の乗組員《のりくみいん》になりました。初《はじ》めての極地《きょくち》への探検《たんけん》です。

この探検《たんけん》では、船長《せんちょう》の不手際《ふてぎわ》で船《ふね》が冬《ふゆ》の南極《なんきょく》で氷《こおり》づけになり、氷《こおり》がとける春《はる》まで動《うご》けなくなってしまいました。しかも、短《みじか》い探検《たんけん》の予定《よてい》だったので、食料《しょくりょう》も水《みず》も十分《じゅうぶん》にありません。このときはアムンゼンのアイデアでアザラシをつかまえ、食《た》べることで乗《の》りきることができました。

「少《すこ》しの判断《はんだん》ミスと、わずかな準備不足《じゅんびぶそく》が命取《いのちと》りになる……。」

アムンゼンはこのとき、準備《じゅんび》の大切《たいせつ》さを身《み》をもって知《し》ったのです。

帰国後《きこくご》、船長《せんちょう》の資格《しかく》を取《と》ったアムンゼンは、数年間《すうねんかん》かけて十分《じゅうぶん》な準備《じゅんび》を整《ととの》えました。

そして、一九〇三年《ねん》、ついに「北西航路《ほくせいこうろ》」探検《たんけん》に出発《しゅっぱつ》しました。

海面《かいめん》の下《した》にかくれて見《み》えない岩《いわ》に船《ふね》が乗《の》りあげる、氷《こおり》にとじこめられ動《うご》けなくなる、など多《おお》くの苦難《くなん》がありました。そうした危険《きけん》を命《いのち》がけで乗《の》りこえ、出発《しゅっぱつ》から三年後《ねんご》、アムンゼンはとうとう、北西航路《ほくせいこうろ》を横断《おうだん》しました。

人類《じんるい》が四百年前《ひゃくねんまえ》からいどみつづけ、探検家《たんけんか》フランクリンすらもなしえな

かった世界初《せかいはつ》の快挙《かいきょ》です。アムンゼンの名《な》は世界中《せかいじゅう》に知《し》れわたりました。

「次《つぎ》は、北極点《ほっきょくてん》だ。だれも立《た》ったことのない極点《きょくてん》へ、行《い》こう。」

そのころ、世界中《せかいじゅう》の探検家《たんけんか》たちは、北極点《ほっきょくてん》を目指《めざ》していました。アムンゼンもまた、自分《じぶん》の足《あし》で北極点《ほっきょくてん》に立《た》ちたいと考《かんが》えたのです。

アムンゼンは北極《ほっきょく》への探検計画《たんけんけいかく》を国《くに》中《じゅう》に発表《はっぴょう》し、その資金《しきん》を集《あつ》めました。また、いっしょに探検《たんけん》してくれるゆうしゅうな船員《せんいん》を募集《ぼしゅう》したり、探検《たんけん》に必《ひっ》要《よう》な食料《しょくりょう》や、そりをひくためのたくさんの犬《いぬ》、北極《ほっきょく》のあら波《なみ》と流氷《りゅうひょう》でも進《すす》める特別《とくべつ》な船《ふね》を手《て》に入《い》れました。その準《じゅん》備《び》は、念《ねん》には念《ねん》を入《い》れたものでした。

ところが、アムンゼンがいよいよ出《しゅっ》発《ぱつ》しようとした、一九〇九年《ねん》、大変《たいへん》なニュースが飛《と》びこんできました。アメリカの探検家《たんけんか》ピアリーが、北極点《ほっきょくてん》に到《とう》

達《たっ》したというのです。アムンゼンは、がっかりしました。しかし……、

「北極点《ほっきょくてん》は先《さき》をこされてしまったが、もう一つの極点《きょくてん》がある。」

アムンゼンはすぐさま、目標《もくひょう》を南極点《なんきょくてん》に切《き》りかえたのです。それは思《おも》いつきではありません。アムンゼンは、いつか南極探検《なんきょくたんけん》をしようと考《かんが》えていたので、たくさんの南極《なんきょく》の資料《しりょう》も読《よ》みこんでいたのです。

〝ノルウェーのアムンゼン、南極《なんきょく》へ向《む》かう！〟

これを知《し》ったイギリスの軍人《ぐんじん》スコットは、大変《たいへん》おどろきました。同《おな》じころ、南極点一番《なんきょくてんいちばん》乗《の》りを目指《めざ》し、南極《なんきょく》に向《む》かっていたからです。

先《さき》に南極大陸《なんきょくたいりく》に着《つ》いたのはスコット隊《たい》です。それから二週間後《しゅうかんご》にアムンゼン隊《たい》もやってきました。そして、それぞれきょてんとなる基地《きち》を建設《けんせつ》しました。スコットは、アムンゼンが建《た》てた基地《きち》の場所《ばしょ》を聞《き》いて、あきれました。

「あそこは氷《こおり》の上《うえ》だ。くずれたらどうするつもりなんだ。」

しかし、アムンゼンは、氷《こおり》の上《うえ》ですが、これまで七十年間《ねんかん》の記録《きろく》で一度《いちど》もくずれず、陸地《りくち》のようにしっかりした場所《ばしょ》であることを調《しら》べていました。しかも、スコットの基地《きち》より百《ひゃっ》キロほど、南極点《なんきょくてん》に近《ちか》かったのです。

すぐに冬《ふゆ》が来《き》ました。南極《なんきょく》に太陽《たいよう》はのぼらず、想像《そうぞう》を絶《ぜっ》する寒《さむ》さになるため、冬《ふゆ》の間《あいだ》は南極点《なんきょくてん》を目指《めざ》すことはできません。そこで、アムンゼンもスコットも、その期間《きかん》は準備《じゅんび》にあてました。極《きょく》

点《てん》までの道《みち》の間《あいだ》に、「デポ」（食料貯蔵《しょくりょうちょぞう》所《じょ》）を作《つく》りました。このデポに立《た》ちよりながら、極点《きょくてん》を目指《めざ》すのです。

半年後《はんとしご》、春《はる》がおとずれました。アムンゼンと四人《にん》の隊員《たいいん》はそりを犬《いぬ》にひかせて、南極点《なんきょくてん》に向《む》かって出発《しゅっぱつ》しました。

しかし「悪魔《あくま》の氷河《ひょうが》」とよばれる、アップダウンのきびしい氷河地帯《ひょうがちたい》に差《さ》しかかったとき、吹雪《ふぶき》にまきこまれました。このため前《まえ》が見《み》えず、仲間《なかま》が犬《いぬ》ぞりごと、クレバス（氷《こおり》のわれ目《め》）に落《お》ちたのです。幸《さいわ》い、犬《いぬ》ぞりは軽《かる》かっ

たので、引《ひ》っぱりあげて犬《いぬ》も人《ひと》も助《たす》けだすことができました。

「犬《いぬ》ぞりでなかったら、大変《たいへん》なことになっていた……。」

その後《ご》も何度《なんど》も命《いのち》の危険《きけん》を感《かん》じるできごとがありましたが、一人《ひとり》の脱落《だつらく》者《しゃ》もなく、無事《ぶじ》、乗《の》りきりました。そして、二か月後《げつご》――。

一九一一年《ねん》十二月《がつ》十四日《か》、アムンゼンは人類史上初《じんるいしじょうはじ》めて南極点《なんきょくてん》に到達《とうたつ》しました。

その日《ひ》は快晴《かいせい》で、雪原《せつげん》が太陽《たいよう》の光《ひかり》を受《う》けてかがやいていました。

アムンゼンは南極点《なんきょくてん》に立《た》った印《しるし》として、ノルウェーの国旗《こっき》をつきたてました。

「わたしは、あこがれの北極点《ほっきょくてん》を

目指《めざ》したが、今《いま》、地球《ちきゅう》の正反対《せいはんたい》の地《ち》に、立《た》っている。望《のぞ》みとは真逆《まぎゃく》の場所《ばしょ》にいるなんて、なんということか。」

アムンゼンは、喜《よろこ》びと同時《どうじ》に、不思議《ふしぎ》な気持《きも》ちになりました。

一方《いっぽう》、スコットが南極点《なんきょくてん》にたどりついたのは、その一か月後《げつご》のことです。機械式《きかいしき》の自動《じどう》そりが故障《こしょう》し、また、犬《いぬ》より力《ちから》のある馬《うま》にもそりをひかせていましたが、クレバスに落《お》ちたり、寒《さむ》さで死《し》んでしまったりしたのです。

そりを自分《じぶん》たちでひくことになり、スピードに大《おお》きな差《さ》が出《で》ました。また、アムンゼンたちより基地《きち》から極点《きょくてん》までのきょりが遠《とお》かったことも、時《じ》間《かん》がかかった原因《げんいん》となりました。

南極点《なんきょくてん》にはためくノルウェーの国旗《こっき》を見《み》て、スコットたちは力《ちから》なく立《た》ちつくしました。そして、基地《きち》まで引《ひ》きかえす道《みち》で、猛吹雪《もうふぶき》にまきこまれ、そうなんし、スコット隊《たい》は全《ぜん》めつしてしまったのです。

〝アムンゼン、南極点《なんきょくてん》せい服《ふく》す！〟

ノルウェーの英雄《えいゆう》アムンゼンの快挙《かいきょ》を、世界中《せかいじゅう》の人《ひと》びとが、ほめたたえました。しかし、アムンゼンは南極点《なんきょくてん》の到達《とうたつ》だけでは満足《まんぞく》しませんでした。

「次《つぎ》は、まだ見《み》ぬ北極点《ほっきょくてん》だ。」

アムンゼンは帰国後《きこくご》、すぐに北極探検《ほっきょくたんけん》の準備《じゅんび》をしました。今度《こんど》は、飛行《ひこう》船《せん》を使《つか》っての北極点到達《ほっきょくてんとうたつ》を計画《けいかく》しました。ところが、第一次世界大戦《だいいちじせかいたいせん》が起《お》こりました。さすがに探検《たんけん》は、中止《ちゅうし》しなければならなくなりました。

しかし、アムンゼンはあきらめません。戦争《せんそう》が終《お》わると、ふたたび北極《ほっきょく》点《てん》を目指《めざ》しました。そして、一九二六年《ねん》、飛行船《ひこうせん》ノルゲ号《ごう》で北極横断《ほっきょくおうだん》に成《せい》

功《こう》したのです。夢《ゆめ》にまで見《み》た北極点《ほっきょくてん》も、上空《じょうくう》から通過《つうか》しました。こうしてアムンゼンは、人類《じんるい》で初《はじ》めて南極《なんきょく》と北極《ほっきょく》を制《せい》した探検家《たんけんか》となったのです。

この探検《たんけん》を最後《さいご》に、アムンゼンは探検家《たんけんか》を引退《いんたい》しました。ところが、ノルゲ号《ごう》でともに北極横断《ほっきょくおうだん》をしたイタリアの探《たん》検家《けんか》ノビレが、再《ふたた》び北極探検《ほっきょくたんけん》に出発《しゅっぱつ》したきり行方不明《ゆくえふめい》になりました。

「ノビレとは意見《いけん》が合《あ》わず、けんかをしたし、帰国後《きこくご》もわたしの悪口《わるくち》を言《い》いふらしたイヤな男《おとこ》だ。でも、助《たす》けが必要《ひつよう》な人《ひと》を放《ほう》っておけない。」

アムンゼンは飛行艇《ひこうてい》で、ノビレをさがしに北極海《ほっきょくかい》へ飛《と》びたち、それきり帰《かえ》ってくることはありませんでした。これが一生《いっしょう》を極地探検《きょくちたんけん》にささげ、偉《い》大《だい》な業績《ぎょうせき》を残《のこ》したアムンゼンの最後《さいご》の探検《たんけん》となったのです。

ローアル・アムンゼン
（一八七二～一九二八年《ねん》）

お母《かあ》さん思《おも》いだったアムンゼン

アムンゼンは、子《こ》どものころ、コロンブスやバスコ・ダ・ガマなどの探検家《たんけんか》たちの本《ほん》をたくさん読《よ》みました。

十五歳《さい》ごろ、アムンゼンは、探検家《たんけんか》になると決心《けっしん》しましたが、お母《かあ》さんはアムンゼンにお医者《いしゃ》さんになってほしいと思《おも》っていました。お母《かあ》さんに心配《しんぱい》をかけたくなかったアムンゼンは、大学《だいがく》の医学《いがく》部《ぶ》に進《すす》みました。しかし、お母《かあ》さんが病《びょう》気《き》でなくなると、医者《いしゃ》の勉強《べんきょう》をやめて、探検家《たんけんか》の道《みち》を歩《あゆ》みはじめたのでした。

まっすぐ生《い》きた

『ひまわり』の画《が》家《か》

ゴッホ

文・沢辺有司
絵・イトウケイシ

『ひまわり』をかいた画家《がか》として有《ゆう》名《めい》なゴッホは、今《いま》から百《ひゃく》七十年《ねん》ほど前《まえ》、オランダの牧師《ぼくし》の家《いえ》に生《う》まれました。

ゴッホはとても好奇心《こうきしん》が強《つよ》く、植《しょく》物《ぶつ》や動物《どうぶつ》、畑《はたけ》で働《はたら》く人《ひと》びとの様子《ようす》などをじっと観察《かんさつ》しているのが好《す》きでした。でも、友《とも》だちといっしょに遊《あそ》ぶのは苦手《にがて》。自分《じぶん》をからかった友《とも》だちを、かっとなってなぐってしまったこともありました。自分《じぶん》のしたことを反省《はんせい》したゴッホは、

「なぜ、すぐかっとなっちゃうんだろう。これじゃ友《とも》だちもできない。」

と、ひどく落《お》ちこみました。

そんなゴッホのそばにいてくれたのが、四歳年下《さいとしした》の弟《おとうと》テオです。

「お兄《にい》ちゃんは、本当《ほんとう》はやさしいんだよね。ぼく、知《し》ってるよ。」

テオの言葉《ことば》を聞《き》くと、ゴッホの気持《きも》ちは楽《らく》になりました。

学校《がっこう》になじめないゴッホは、中学《ちゅうがく》を二年《ねん》でやめてしまいましたが、おじのすすめで、絵《え》を売《う》る会社《かいしゃ》で働《はたら》くことになりました。絵《え》を売《う》る仕事《しごと》をしているうちに、「自分《じぶん》でも絵《え》をかきたい」と思《おも》うようになり、時間《じかん》さえあれば絵《え》をかくようになりました。

ゴッホは、じゅう実《じつ》した人生《じんせい》を歩《あゆ》みはじめていました。ところが、あることが人生《じんせい》を大《おお》きく変《か》えます。下宿《げしゅく》する家《いえ》のむすめ、ウジェニーに恋《こい》をしたのです。ゴッホは、

「ぼくたち、結婚《けっこん》しませんか。」

かの女《じょ》にこう切《き》りだしたのです。

それは、とつ然《ぜん》のことでした。

「え、結婚《けっこん》だなんて……。ごめんなさい、わたし、婚約《こんやく》しているんです。」

「こ、婚約《こんやく》。で、でも、ぼくはあなたのことを愛《あい》しているんです。」

ゴッホはそう言《い》ったものの、

「あなたはいいお友《とも》だち。だけど、
結婚《けっこん》はできません。」

と、ウジェニーに断《ことわ》られてしまいました。

この失恋《しつれん》で気落《きお》ちしたゴッホは、下宿《げしゅく》を去《さ》り、会社《かいしゃ》もやめてしまいました。

そしてこの体験《たいけん》は、ゴッホに、貧《まず》しい生活《せいかつ》をしなければならない人《ひと》びとの苦《くる》しみに目《め》を向《む》けさせることになります。

「神様《かみさま》の教《おし》えを広《ひろ》めて、貧《まず》しい人《ひと》びとを救《すく》おう。」

そう考《かんが》えたゴッホは、神様《かみさま》の教《おし》えを広《ひろ》める伝道師《でんどうし》の弟子《でし》になりました。そして、ベルギーのある炭鉱《たんこう》の町《まち》に入《はい》り、けが人《にん》の世話《せわ》をしたり、貧《まず》しい人《ひと》びとに自分《じぶん》の衣服《いふく》をあたえたり、人《ひと》びとの生活《せいかつ》を親身《しんみ》に支《ささ》えました。しかし、神様《かみさま》の教《おし》えをいくら広《ひろ》めたところで人《ひと》びとの生活《せいかつ》はよくなりません。伝道師《でんどうし》の仕事《しごと》に意味《いみ》を見出《みいだ》せなくなり、「自分《じぶん》の人生《じんせい》はこれで、いいのだろうか……」と思《おも》うようになりました。

そんなとき、フランスのパリで絵《え》を売《う》る仕事《しごと》をしていた弟《おとうと》のテオがやってきました。ゴッホは、貧《まず》しい人《ひと》びとのくらしを絵《え》にかいていましたが、テオは、人《ひと》びとの特《とく》ちょうを正確《せいかく》にとらえるゴッホの才能《さいのう》におどろかされました。

「兄《にい》さん、いつまでもここにいるべきじゃないよ。兄《にい》さんがなるべきなのは、画家《がか》じゃないのか。」

――画家《がか》!? 思《おも》ってもみなかったことです。でも、よくよく考《かんが》えてみると、テオの言《い》っていることがもっともだと気《き》づきました。

「自分《じぶん》が本当《ほんとう》に好《す》きなのは、絵《え》をかくことだ。見《み》たものや、感《かん》じたこと、それを絵《え》で表現《ひょうげん》し、みんなに伝《つた》えたい。それこそが、ぼくの仕事《しごと》……。」

ゴッホ、二十七歳《さい》のときでした。もうれつな勢《いきお》いで絵《え》をかきはじめたゴッホは、日《ひ》に日《ひ》にうでを上《あ》げました。絵《え》の技術《ぎじゅつ》をみがくだけではありません。

「絵《え》の中《なか》の人物《じんぶつ》や自然《しぜん》に命《いのち》をふきこむには、人間《にんげん》や自然《しぜん》のことを理解《りかい》しなければならない。」

と、いろいろな本《ほん》を読《よ》んで、勉強《べんきょう》することも大切《たいせつ》にしました。

テオのさそいで、パリに移《うつ》ると、ゴッホの絵《え》のみりょくは増《ま》しました。

そのころのパリは、多《おお》くのわかい画家《がか》によって、新《あたら》しい絵画《かいが》が生《う》みだされていた芸術《げいじゅつ》の中心地《ちゅうしんち》です。感《かん》じる印象《いんしょう》のままにかく「印象派《いんしょうは》」とよばれる画家《がか》たちのかいた絵画《かいが》や、絵《え》の具《ぐ》の色《いろ》を混《ま》ぜないで、色《いろ》を点《てん》の集《しゅう》合《ごう》で表《あらわ》す「点描画《てんびょうが》」とよばれる絵画《かいが》が生《う》まれ、また、日本の浮世絵《うきよえ》も流《りゅう》行《こう》していました。単純《たんじゅん》な線《せん》を使《つか》い、平面的《へいめんてき》にかく浮世絵《うきよえ》は、ヨーロッパではめずらしく、人《ひと》びとの心《こころ》をひきつけました。

印象派《いんしょうは》や点描画《てんびょうが》、そして浮世絵《うきよえ》のかき方《かた》を学《まな》んだゴッホは、自分《じぶん》だけのかき方《かた》をつかみかけていました。そして、パリをはなれました。

南《みなみ》フランスの町《まち》、アルル――。

力強《ちからづよ》くかがやく太陽《たいよう》のもと、くっきりとしたりんかくと、あざやかな色《しき》さいを放《はな》つ大地《だいち》。のびのびと豊《ゆた》かな自然《しぜん》が、どこまでも続《つづ》いています。

「これこそが、ぼくが、さがしもとめていたものだ。」

ゴッホは、とりつかれたように南《みなみ》フランスを歩《ある》きまわり、絵《え》の具《ぐ》をキャンバスにたたきつけました。(絵《え》の具《ぐ》はぬるというよりは、たっぷりとのせて、ボリューム感《かん》を出《だ》す。ポイントで明《あか》るい黄色《きいろ》を使《つか》う。おくゆきはなくていい。りんかくははっきりと……。)ゴッホは、ついに自分《じぶん》だけのかき方《かた》を見《み》つけ、多《おお》くのけっさくを生《う》みだしました。

自信《じしん》を深《ふか》めたゴッホは、かねてからの夢《ゆめ》の実現《じつげん》へ動《うご》きだします。それは、「わかい画家《がか》たちがいっしょにくらしながら、絵《え》を学《まな》ぶ」という夢《ゆめ》です。

ゴッホは、パリのわかい画家《がか》たちに手紙《てがみ》を送《おく》りました。

ところが、やってきたのは、南《みなみ》の島《しま》タヒチの絵《え》をかいたことで有名《ゆうめい》なゴーギャンだけ。それでも、夢《ゆめ》の実現《じつげん》にむねをおどらせたゴッホは、何枚《なんまい》もの『ひまわり』の絵《え》で部屋《へや》をかざり、ゴーギャンをむかえました。

でも、二人《ふたり》の生活《せいかつ》は、はじめからうまくいきませんでした。

「絵《え》は創造力《そうぞうりょく》を使《つか》ってかくものだ。アトリエにいてもかける。」

と、ゴーギャンが言《い》えば、

「いや、ちがう。絵《え》は、外《そと》に出《で》て、自然《しぜん》を見《み》ながらかくものだ。」

と、ゴッホは言《い》いかえします。そして、二か月《げつ》が過《す》ぎたころ、
「オレの言葉《ことば》が聞《き》こえないのか。」
ゴーギャンは、ゴッホの耳《みみ》をつかんでそう言《い》うと、家《いえ》を出《で》ていってしまいました。ゴッホは、「なぜゴーギャンの話《はなし》を聞《き》いてあげられなかったのか……。」と、自分《じぶん》を責《せ》めました。そして、自分《じぶん》で自分《じぶん》の耳《みみ》を切《き》りおとし、たおれてしまいました――。
病院《びょういん》で目《め》が覚《さ》めたゴッホは、心《こころ》の中《なか》でもがきました。

「ぼくは、目《め》の前《まえ》のできごとに対《たい》してあまりにも多《おお》くのことを感《かん》じてしまう。それで、気《き》がめいってしまうのだ。でも、このするどく細《こま》やかな感《かん》覚《かく》は、絵《え》をかくうえで重要《じゅうよう》だと思《おも》う。これをおさえたら、画家《がか》をやる意《い》味《み》などなくなってしまうのではないか。」

そのころ病院《びょういん》でかいた絵《え》『星月夜《ほしづきよ》』などには、ゴッホの気持《きも》ちを表《あらわ》すように、空《そら》や雲《くも》がうずをまいています。

それからパリの近《ちか》くの町《まち》に移《うつ》りすみ、落《お》ち着《つ》きを取《と》りもどしました。ところが、あることがゴッホの心《こころ》をかつてないほどみだします。

テオが、病人《びょうにん》のように、やつれてし

まったのです。いそがしく仕事《しごと》をしながら、病気《びょうき》になった子《こ》どもと妻《つま》ヨハンナの看病《かんびょう》にあたったためでした。

ゴッホは、申《もう》しわけない気持《きも》ちでいっぱいになりました。テオには、お金《かね》を送《おく》ってもらい、絵《え》の売《う》れない自分《じぶん》の生活《せいかつ》を支《ささ》えてもらっていたからです。

「ぼくは、テオに迷《めい》わくをかけている。絵《え》も売《う》れず、何《なに》もできないぼくなんて……。」

ゴッホは、自分《じぶん》を責《せ》めました。

その数日後《すうじつご》、ピストルのじゅうだんを受《う》け、けがをしたゴッホが病院《びょういん》に運《はこ》ばれました。だれかにうたれたのか、自分《じぶん》でうったのか、今《いま》でもはっきりとはわかっていません。

かけつけたテオは、泣《な》きじゃくります。

「兄《にい》さん……。どうして、こんなことに……。」

「……だれのせいでもないんだ。」

そう言《い》って、ゴッホは静《しず》かに息《いき》をひきとりました。

わずか三十七年《ねん》の生《しょう》がいでした。半年後《はんとしご》、兄《あに》の死《し》に気《き》を落《お》としたテオも、あとを追《お》うようになくなりました。

生《い》きている間《あいだ》、あまり注目《ちゅうもく》されることのなかったゴッホですが、ヨハンナとゴッホの友人《ゆうじん》ベルナールは、ねばり強《づよ》く展覧会《てんらんかい》を開《ひら》き、少《すこ》しずつゴッホの人気《にんき》は高《たか》まりま

した。そして、ゴッホの死《し》から十一年後《ねんご》、パリで大《おお》きな展覧会《てんらんかい》が開《ひら》かれると、ゴッホの絵《え》はますます注目《ちゅうもく》されました。人間《にんげん》や自然《しぜん》を生《い》き生《い》きとえがきだしたゴッホの絵《え》は、不器用《ぶきよう》だけれど、自分《じぶん》をまっすぐに見《み》つめた生《い》き方《かた》とともに、人《ひと》びとの心《こころ》を強《つよ》くゆさぶったのです。

ひまわりのように、強《つよ》さとやさしさにあふれるゴッホの絵《え》。その絵《え》は、今《いま》も多《おお》くの人《ひと》びとをひきつけてやみません。

フィンセント・ファン・ゴッホ
（一八五三～一八九〇年《ねん》）

生《い》きている間《あいだ》に売《う》れた絵《え》は一枚《まい》

ゴッホは一生《いっしょう》の間《あいだ》に九百点《ひゃくてん》以上《いじょう》の絵《え》をかきましたが、生《い》きている間《あいだ》に売《う》れた絵《え》はほとんどありません。正確《せいかく》にわかっているのは、たったの一枚《まい》、『赤《あか》いぶどう畑《ばたけ》』という絵《え》が売《う》れたことだけです。今《いま》では

ゴッホは、その絵《え》が高《たか》いねだんで取《と》りひきされる画家《がか》の一人《ひとり》です。有名《ゆうめい》な『ひまわり』の絵《え》は、一九八七年《ねん》にイギリスで行《おこな》われたオークション（競売《きょうばい》）で、当時《とうじ》のねだんにして五十八億円《おくえん》という高額《こうがく》で、日本の保険会社《ほけんがいしゃ》に落札《らくさつ》されて話題《わだい》となりました。

「中国革命《ちゅうごくかくめい》の父《ちち》」と
よばれる

孫《そん》文《ぶん》

文・鶴川たくじ
絵・山本祐司

「中国革命《ちゅうごくかくめい》の父《ちち》」とよばれる孫文《そんぶん》は、革《かく》命《めい》によって、あやまった政治《せいじ》を行《おこな》う政府《せいふ》をたおし、中国《ちゅうごく》に新《あたら》しい国《くに》を建《た》てた政治《せいじ》家《か》です。しかし、建国《けんこく》までの道《みち》のりは、苦労《くろう》と失敗《しっぱい》の連続《れんぞく》でした。

一八六六年《ねん》十一月《がつ》十二日《にち》、孫文《そんぶん》は、中《ちゅう》国《ごく》の南部《なんぶ》にある広東省《カントンしょう》の、貧《まず》しい農家《のうか》に生《う》まれました。

中国《ちゅうごく》にはさまざまな民族《みんぞく》がくらしていて、大多数《だいたすう》は漢民族《かんみんぞく》です。しかし、そのころの中国《ちゅうごく》は、北《きた》に住《す》む満州民族《まんしゅうみんぞく》の皇帝《こうてい》が、代《だい》だい国《くに》を治《おさ》めていました。役人《やくにん》も満州人《まんしゅうじん》ばかり。国《くに》の名《な》は清《しん》といいました。

清《しん》の政府《せいふ》は、ヨーロッパの国《くに》ぐにと不利《ふり》な条約《じょうやく》を結《むす》ばされていました。

そのため、これらの国《くに》ぐにの進出《しんしゅつ》を許《ゆる》し、土地《とち》をうばわれ、石炭《せきたん》などの資源《しげん》をうばわれ、中国人労働者《ちゅうごくじんろうどうしゃ》は、安《やす》い賃金《ちんぎん》で働《はたら》かされました。

その一方《いっぽう》で、皇帝《こうてい》はぜいたくをし、役人《やくにん》はいばりちらして、何《なに》かと理由《りゆう》をつけては、人《ひと》びとからお金《かね》をまきあげます。人《ひと》びとの不満《ふまん》はつのり、治安《ちあん》はみだれて、孫文《そんぶん》の家《いえ》の近《ちか》くでも、金持《かねも》ちの家《いえ》が強《ごう》とう団《だん》におそわれる事件《じけん》がしばしばありました。

「こんな政府《せいふ》なら、ないほうがまし

だ。あやまった政治《せいじ》をする満州人《まんしゅうじん》の政府《せいふ》をたおして、ぼくたち漢人《かんじん》で、正《ただ》しい政治《せいじ》を行《おこな》えたら、どんなにいいだろう。」

孫文《そんぶん》はそう思《おも》いましたが、めったに口《くち》には出《だ》せませんでした。そんなことがもし役人《やくにん》の耳《みみ》に入《はい》ったら、つかまって殺《ころ》されてしまうからです。

孫文《そんぶん》には、ハワイに移住《いじゅう》して商売《しょうばい》で成《せい》功《こう》した兄《あに》がいました。十二歳《さい》のとき、孫《そん》文《ぶん》はこの兄《あに》をたよってハワイにわたり、学校《がっこう》に入《はい》りました。

当時《とうじ》のハワイはまだアメリカ合衆国《がっしゅうこく》の州《しゅう》にはなっていませんでしたが、実質的《じっしつてき》にはアメリカが治《おさ》めていました。そのため、教育《きょういく》も政治《せいじ》の仕組《しく》みもアメリカ流《りゅう》で

した。孫文《そんぶん》は、アメリカの学問《がくもん》がとても進《すす》んでいるのにおどろきました。また、きちんとした法律《ほうりつ》が定《さだ》められていて、みんながそれをよく守《まも》り、平和《へいわ》にくらしていることに感心《かんしん》しました。

「アメリカには皇帝《こうてい》なんかいなくて、選挙《せんきょ》で選《えら》ばれた人《ひと》たちで政府《せいふ》ができている。だから、人《ひと》びとのためを考《かんが》えた政治《せいじ》が行《おこな》われるんだな。それにひきかえ中国《ちゅうごく》は……。」

五年間《ねんかん》の勉強《べんきょう》を終《お》えて、故郷《こきょう》に帰《かえ》った孫文《そんぶん》はがっかりしました。金持《かねも》ちは、前《まえ》と変《か》わらず金《かね》で買《か》ったどれいを使《つか》っています。女性《じょせい》の足《あし》を、子《こ》どものときに布《ぬの》できつくまいて、それ以上大《いじょうおお》きくならないようにする習慣《しゅうかん》も続《つづ》いています。それが美《うつく》しいというのです。このとき孫文《そんぶん》の心《こころ》に、

「なんておくれた、やばんな社会《しゃかい》なんだろう。どうにかして、この国《くに》を変《か》えなければ。」

という気持《きも》ちが芽生《めば》えたのでした。

やがて将来《しょうらい》の仕事《しごと》を考《かんが》えたときに、孫文《そんぶん》は、人《ひと》を助《たす》ける医者《いしゃ》の道《みち》を選《えら》び

ました。ところが、香港《ホンコン》の医学校《いがっこう》で、自《じ》分《ぶん》と同《おな》じように、国《くに》を変《か》えたいと思《おも》う同《どう》級生《きゅうせい》たちと出会《であ》ったのです。

孫文《そんぶん》たちは、毎日《まいにち》、国《くに》を変《か》える方法《ほうほう》を熱心《ねっしん》に語《かた》りあいました。そして、

「中国《ちゅうごく》を欧米《おうべい》なみに進《すす》んだ国《くに》に変《か》え、人《ひと》びとを幸《しあわ》せにするには、革命《かくめい》を起《お》こして、今《いま》の政府《せいふ》をたおすしかない。」

という結論《けつろん》になり、グループを結成《けっせい》しました。明《あか》るい性格《せいかく》で、演説《えんぜつ》がうまい孫文《そんぶん》は、このグループのリーダーになりました。

医学校《いがっこう》を卒業《そつぎょう》した孫文《そんぶん》は、一度《いちど》は医者《いしゃ》の仕事《しごと》を始《はじ》めますが、やがて、

「医《い》りょうの力《ちから》よりも、政治《せいじ》の力《ちから》のほうが多《おお》くの人《ひと》を助《たす》けることができる。」

と考《かんが》えなおし、革命《かくめい》の活動《かつどう》にのめりこんでいきました。

革命《かくめい》には武器《ぶき》などを買《か》う資金《しきん》もいるし、多《おお》くの人材《じんざい》も必要《ひつよう》です。

一八九四年《ねん》、孫文《そんぶん》はハワイで「興中会《こうちゅうかい》」という革命組織《かくめいそしき》を結成《けっせい》すると、仲間《なかま》と資金《しきん》を集《あつ》めました。

そして、翌年《よくねん》、広東《カントン》で初《はじ》めての武装《ぶそう》ほう起《き》をしました。政府《せいふ》をたおすために、武器《ぶき》を手《て》にとったのです。ところが、この計画《けいかく》が事前《じぜん》にもれていたため、孫文《そんぶん》たち興中会《こうちゅうかい》は、政府《せいふ》に取《と》りしまられてしまいました。

孫文《そんぶん》は命《いのち》からがらにげおおせたものの、賞金《しょうきん》付《つ》きのおたずね者《もの》になってしまい、日本などにのがれました。しかし、孫文《そんぶん》は決《けっ》してあきらめませんでした。その後《ご》も武装《ぶそう》ほう起《き》は失敗続《しっぱいつづ》きでしたが、そのたびに、世界中《せかいじゅう》を

飛《と》びまわって、仲間《なかま》を増《ふ》やし、資金《しきん》を集《あつ》めて、組織《そしき》を立《た》てなおしました。

一九〇五年《ねん》には、自分《じぶん》たち以外《いがい》の、政府《せいふ》をたおそうとするグループと手《て》を組《く》み、東京《とうきょう》で新《あら》たに「中国革命同盟会《ちゅうごくかくめいどうめいかい》」という大《おお》きな組織《そしき》を結成《けっせい》。ここでも孫文《そんぶん》はリーダーに選《えら》ばれ、ヨーロッパで政治《せいじ》の本《ほん》をたくさん読《よ》んで勉《べん》強《きょう》したことなどをもとにして考《かんが》えた、「三民主義《さんみんしゅぎ》」を発表《はっぴょう》しました。


一．民族主義《みんぞくしゅぎ》＝どの民族《みんぞく》も平等《びょうどう》であること。

二．民権主義《みんけんしゅぎ》＝人民《じんみん》が政治《せいじ》を行《おこな》う権利《けんり》を持《も》つこと。

三．民生主義《みんせいしゅぎ》＝人民《じんみん》がみな経済的《けいざいてき》に平等《びょうどう》に、正《ただ》しく利益《りえき》を受《う》け、生活《せいかつ》の不安《ふあん》がないこと。


そして、一九一一年《ねん》十月《がつ》、ついに孫文《そんぶん》たち革命軍《かくめいぐん》は、武装《ぶそう》ほう起《き》に成功《せいこう》しました。政府軍《せいふぐん》との戦《たたか》いに勝《か》って武昌《ぶしょう》をせんりょうしたのです。武昌《ぶしょう》は古《ふる》くから城《しろ》があり、商業《しょうぎょう》が栄《さか》えた、中国中部《ちゅうごくちゅうぶ》の政治《せいじ》・経済《けいざい》の中心地《ちゅうしんち》です。

「武昌《ぶしょう》をとれば、こちらのものだ。」

孫文《そんぶん》が思《おも》ったとおり、政府軍《せいふぐん》の勢《いきお》いはがたっと落《お》ちて、その後《ご》の三か月《げつ》で革命軍《かくめいぐん》の勢力《せいりょく》は広《ひろ》い中国《ちゅうごく》の三分《ぶん》の二におよびました。一九一二年《ねん》一月一日《がつついたち》、南京《ナンキン》を都《みやこ》とする「中華民国《ちゅうかみんこく》」が生《う》まれたのでした。これを「辛亥《しんがい》革命《かくめい》」といいます。

清王朝《しんおうちょう》だけでも二百《ひゃく》六十八年《ねん》、さらにさかのぼれば二千年《せんねん》以上《いじょう》もの間《あいだ》、中《ちゅう》国《ごく》で続《つづ》いた、皇帝《こうてい》が治《おさ》める政治《せいじ》が終《お》わりを告《つ》げる、画期的《かっきてき》なできごとでした。

中華民国《ちゅうかみんこく》の臨時《りんじ》の大総統《だいそうとう》（大統領《だいとうりょう》）には、みんなにおされて孫文《そんぶん》がなりました。しかし、このとき、まだ戦《たたか》いは終《お》わっていませんでした。

北部《ほくぶ》の北京《ペキン》には、袁世凱《えんせいがい》という有能《ゆうのう》な大将《たいしょう》が率《ひき》いる強《つよ》い政府軍《せいふぐん》が、まだ残《のこ》っていたのです。これ以上内戦《いじょうないせん》が続《つづ》くのを望《のぞ》まない孫文《そんぶん》は、袁世凱《えんせいがい》に、話《はな》しあいによる解決《かいけつ》をよびかけました。

袁世凱《えんせいがい》の返事《へんじ》は、こうでした。

「自分《じぶん》を中華民国《ちゅうかみんこく》の大総統《だいそうとう》にするなら、戦《たたか》いはやめよう。」

孫文《そんぶん》は承知《しょうち》しました。孫文《そんぶん》という人《ひと》は、大総統《だいそうとう》になりたくて、革命活動《かくめいかつどう》を続《つづ》けてきたのではありません。人《ひと》びとが幸《しあわ》せになるのなら、自分《じぶん》の出世《しゅっせ》など、どうでもよかったのです。

ところが、袁世凱《えんせいがい》は、孫文《そんぶん》の気持《きも》ちをふみにじるように、わがまま勝手《かって》な政治《せいじ》を始《はじ》めました。まるで皇帝《こうてい》になったかのようにふるまったのです。

「袁世凱《えんせいがい》をたおせ！」

孫文《そんぶん》は、休《やす》む間《ま》もなく、第《だい》二の革命《かくめい》を行《おこな》わなければならなくなりました。

袁世凱《えんせいがい》は一九一六年《ねん》に病気《びょうき》で死《し》にましたが、すると、今度《こんど》は大総統《だいそうとう》になりたい者《もの》たちの間《あいだ》で、はげしい争《あらそ》いが始《はじ》まりました。

孫文《そんぶん》は悲《かな》しみ、いかり、それでもあきらめずに、国内《こくない》の統一《とういつ》を目指《めざ》して、死《し》の間際《まぎわ》まで、活動《かつどう》を続《つづ》けました。そして、

一九二五年《ねん》三月《がつ》十二日《にち》、対立《たいりつ》する勢力《せいりょく》との話《はな》しあいに出向《でむ》いた北京《ペキン》で病死《びょうし》しました。まだ五十八歳《さい》でした。

孫文《そんぶん》はなくなるとき、「革命《かくめい》はまだ成《せい》功《こう》していない」という言葉《ことば》を残《のこ》し、理《り》想《そう》の国家《こっか》の建設《けんせつ》を、民衆《みんしゅう》にたくしました。孫文《そんぶん》の思《おも》いえがいた理想《りそう》の中国《ちゅうごく》のすがたには、自分《じぶん》たちが立派《りっぱ》な強《つよ》い国《くに》になるだけでなく、世界《せかい》の弱小民族《じゃくしょうみんぞく》を助《たす》け、平和《へいわ》な世界《せかい》を作《つく》らなければならないという、スケールの大《おお》きな考《かんが》えがふくまれていました。

だから、孫文《そんぶん》は今《いま》でも、中国《ちゅうごく》をはじめ、世界中《せかいじゅう》に住《す》んでいる中国人《ちゅうごくじん》たちに尊敬《そんけい》されているのです。

孫文《そんぶん》は日本との関《かか》わりも深《ふか》く、のべ九年間《ねんかん》を日本で過《す》ごし、多《おお》くの日本人《じん》の友人《ゆうじん》や支援者《しえんしゃ》を作《つく》りました。みな、孫文《そんぶん》の明《あか》るい人《ひと》がらにひかれ、革《かく》命《めい》への情熱《じょうねつ》に心打《こころう》たれたといいます。

孫文《そんぶん》
（一八六六～一九二五年《ねん》）

孫文《そんぶん》を助《たす》けた日本人《じん》

孫文《そんぶん》の革命運動《かくめいうんどう》に協力《きょうりょく》した日本人《じん》に、梅屋庄吉《うめやしょうきち》という人《ひと》がいました。庄吉《しょうきち》は、香港《ホンコン》で写真館《しゃしんかん》を経営《けいえい》し、成功《せいこう》した人《ひと》です。香港《ホンコン》で孫文《そんぶん》と出会《であ》った庄吉《しょうきち》は、孫文《そんぶん》の革命《かくめい》のために、たくさんのお金《かね》を出《だ》しました。

孫文《そんぶん》の協力者《きょうりょくしゃ》として、清《しん》の政府《せいふ》に目《め》をつけられた庄吉《しょうきち》は、香港《ホンコン》を脱出《だっしゅつ》して日本に帰《かえ》りました。日本で映画会社《えいがかいしゃ》を作《つく》った庄吉《しょうきち》は、会社《かいしゃ》が倒産《とうさん》のピンチのときも、孫文《そんぶん》のためにお金《かね》を出《だ》しつづけました。

世界各地《せかいかくち》にバレエの
すばらしさを
広《ひろ》めた

アンナ・パブロワ

文・星 明子
絵・とよふくまきこ

アンナ・パブロワは、一八八一年《ねん》に、ロシアで生《う》まれたバレリーナです。

まだ飛行機《ひこうき》もなかったころ、ヨーロッパ、アメリカ、アジア、南米《なんべい》など世界《せかい》四十か国《こく》以上《いじょう》をめぐり、世界各地《せかいかくち》にバレエを広《ひろ》めました。

お父《とう》さんはアンナが二歳《さい》のときになくなり、お母《かあ》さんと二人《ふたり》ぐらしをしていました。アンナが八歳《さい》のとき、お母《かあ》さんが言《い》いました。

「クリスマスプレゼントに、おとぎの国《くに》へ連《つ》れていってあげますよ。」

お母《かあ》さんは、アンナを喜《よろこ》ばせようと、貧《まず》しいくらしの中《なか》でお金《かね》をためて、バレエを見《み》せてくれたのです。そこに広《ひろ》がっていたのは、夢《ゆめ》のような世界《せかい》でした。

(なんてすてきなの。あのおひめさま、足《あし》がゆかについていないみたい……。

それに、羽《はね》が生《は》えているみたいにとぶのね。)

すっかり夢中《むちゅう》になっているアンナに、

「あの女《おんな》の子《こ》たちのように、あなたも、バレエがおどれるようになれたらいいわね。」

と、お母《かあ》さんは言《い》いました。

すると、アンナは、黒《くろ》いひとみをかがやかせて、ぶたいの真《ま》ん中《なか》をすっと指差《ゆびさ》しました。

「いいえ、わたしは、あのおひめさまになるの。真《ま》ん中《なか》でおどるプリマ・バレリーナに。」

やがてアンナは、百人中数人《ひゃくにんちゅうすうにん》しか受《う》からない、きびしい試験《しけん》に合格《ごうかく》し、十歳《さい》で名門《めいもん》のロシア帝室《ていしつ》バレエ学校《がっこう》へ入学《にゅうがく》しました。

ロシアでは、バレリーナは国《くに》の宝《たから》でした。バレリーナは、言葉《ことば》を使《つか》わない

女優《じょゆう》です。ただ体《からだ》がやわらかく、音楽《おんがく》に合《あ》わせて動《うご》けるだけではだめなのです。役《やく》になりきり、見《み》る人《ひと》をひきつけ、夢中《むちゅう》にさせなければなりません。そのバレリーナを育《そだ》てるために、バレエ以《い》外《がい》にもあらゆることを教《おし》えます。ピアノ、おしばいの研究《けんきゅう》。気持《きも》ちを体《からだ》で表《あらわ》せるように、ちょうこくを見《み》たりもします。えらい人《ひと》と食事《しょくじ》をするときにもはずかしくないよう、食事《しょくじ》のマナーも学《まな》びます。もちろん、ふつうの勉強《べんきょう》もしながらです。

はじめのころ、先生《せんせい》たちは、アンナのことを
（おどりは上手《じょうず》だが、力強《ちからづよ》さが足《た》りない。スタミナもない。）

と、思《おも》っていました。アンナは、

（プリマ・バレリーナになれるなら、どんなことにもたえます。）

と、心《こころ》にちかい、レッスンにはげみました。愛読書《あいどくしょ》は、伝説《でんせつ》のバレリーナ、マリー・タリオーニの伝記《でんき》。バレエのことを考《かんが》えないときはありませんでした。


ひたむきな努力《どりょく》のおかげで、アンナの才能《さいのう》は、次第《しだい》に花開《はなひら》いていきました。学校《がっこう》を卒業《そつぎょう》してバレエ団《だん》に進《すす》み、あこがれのプリマ・バレリーナになりました。子《こ》どものころの夢《ゆめ》を、二十五歳《さい》でかなえたのです。

アンナの夢《ゆめ》は、プリマ・バレリーナになってからも広《ひろ》がりつづけました。一生《いっしょう》けん命《めい》に練習《れんしゅう》するうち、新《あたら》しい目標《もくひょう》が見《み》えてきたのです。

（わたしの目指《めざ》すバレエ。ロシアのバレエらしい、ゆうがで、人《ひと》の心《こころ》をひきつけ、ゆさぶるバレエ。そこにはまだ、とどいていないわ……。）

アンナは、先生《せんせい》たちから「もう、教《おし》えることはないですよ」と、言《い》われても、自分《じぶん》からきびしいレッスンを受《う》け、いろいろな役《やく》にちょう戦《せん》しました。そんなとき、イタリア人《じん》のチェケッティ先生《せんせい》が、だれも気《き》づかなかった欠点《けってん》を伝《つた》えました。

「前《まえ》から見《み》たきみは、本当《ほんとう》にすばらしい。でも、背中《せなか》の演技《えんぎ》が足《た》りないな。」
おどろいたアンナは、先生《せんせい》を追《お》いかけてイタリアへ行《い》きました。
「先生《せんせい》、わたしを弟子《でし》にしてください！」
その日《ひ》から、さらにバレエづけの毎日《まいにち》が始《はじ》まりました。朝《あさ》の九時《じ》からお昼《ひる》までは先生《せんせい》の家《いえ》でプライベートレッスン。午後《ごご》は別《べつ》のレッスン。夜《よる》はごはんを食《た》べてねるだけ。先生《せんせい》とバレエの話《はなし》をすることだけが息《いき》ぬきでした。そんな生活《せいかつ》を三年間《ねんかん》続《つづ》け、やっとチェケッティ先《せん》生《せい》に、「よし」と、言《い》われるまでになりました。完《かん》ぺきなバレエを身《み》につけたアンナは、とうとうロシア国内《こくない》で有名《ゆうめい》なプリマ・バレリーナとなりました。

その後《ご》、アンナは、「スウェーデンで公演《こうえん》をしませんか」とさそわれました。バレエがさかんなロシアとちがい、スウェーデンには、バレエを見《み》たことのある人《ひと》が、ほとんどいません。

(わかってもらえなくて、笑《わら》い者《もの》になるかもしれない……。それどころか、だれも見《み》に来《こ》ないかも。)

アンナは迷《まよ》いましたが、

(……だからこそ、やりがいがあるわ。やりましょう。)

と、心《こころ》を決《き》めました。そして、スウェーデンで、心《こころ》をこめておどりました。

すると、公演《こうえん》が終《お》わったあと、とまっているホテルのまどの下《した》に、大勢《おおぜい》の人《ひと》がおしよせました。おどろいているアンナに、メイドさんが言《い》いました。

「マダム・パブロワ。みんなは、あなたに一目会《ひとめあ》いたくて来《き》たのですよ。」

「ええっ、わたしに。」

「はい、そうに決《き》まっていますとも。」

「どうして……。」

「わたしには、わかります。あの人《ひと》たちは、あなたのおどりを見《み》ている間《あいだ》、

ふだんの生活《せいかつ》のつらい
ことや苦《くる》しいこと、
なにもかもをわすれて、
夢中《むちゅう》だったのです。
そんな夢《ゆめ》を見《み》せてくださった
あなたに、もう一度《ど》会《あ》いたいと
待《ま》ちこがれているのです。」
(わたしのバレエをわかってくれた。
感動《かんどう》してくれた……。)
アンナはバルコニーに出《で》て、手《て》をふり、花《はな》を投《な》げました。
「マダム・パブロワ、最高《さいこう》だったよ。」
「ありがとう。」

（ありがとう、こちらこそ、ありがとう。あなたがたは、わたしに、大切《たいせつ》なことを教《おし》えてくれました。バレエは、国境《こっきょう》をこえて感動《かんどう》をあたえられる。）

このスウェーデンでのすばらしい体験《たいけん》が、アンナのその後《ご》の人生《じんせい》を決《き》めることになったのです。

アンナは、自分《じぶん》のバレエ団《だん》を作《つく》り、外国《がいこく》をまわるようになりました。公演《こうえん》の目玉《めだま》は、アンナの『ひん死《し》の白鳥《はくちょう》』です。お客《きゃく》さんの期《き》待《たい》に応《こた》えて、毎回《まいかい》必《かなら》ずおどりました。

『ひん死《し》の白鳥《はくちょう》』は、一羽《わ》の白鳥《はくちょう》が死《し》んでしまうまでを二分間《ふんかん》のバレエにしたものです。

アンナは、スポットライトを浴《あ》びて、鳥《とり》の羽《はね》をあしらった純白《じゅんぱく》の衣《い》しょうに、血《ち》を表《あらわ》す深紅《しんく》のルビーをつけて登場《とうじょう》します。

細《こま》かくきざむ足《あし》の動《うご》き。やわらかな手《て》の動《うご》き。大空《おおぞら》を夢見《ゆめみ》て飛《と》びたとうとするうしろすがたは、白鳥《はくちょう》そのもの。観客《かんきゃく》はくぎづけになります。アンナは、最後《さいご》まで生《い》きる望《のぞ》みを持《も》ちつづける白鳥《はくちょう》を演《えん》じきります。白鳥《はくちょう》がやがてたおれ、死《し》んでしまう場面《ばめん》では、まくが下《お》りるまで、息《いき》を止《と》めてしまいます。

「もしも、まくが下《お》りなかったら？　息《いき》を止《と》めたまま、死《し》ぬつもりです。」

こうアンナが言《い》うくらい、死《し》にゆく白鳥《はくちょう》になりきっていたのです。

アンナは、ほっそりしていて、いかにもバレリーナという外見《がいけん》をしていました。でも、はかなげな外見《がいけん》に似合《にあ》わず、だれよりもスタミナがあり、どこでも役《やく》になりきれる強《つよ》い精神力《せいしんりょく》の持《も》ち主《ぬし》でした。その精神力《せいしんりょく》のもとになっていたのは、「バレエを世界《せかい》に広《ひろ》めたい。みんなと感動《かんどう》を分《わ》かちあいたい」という、思《おも》いでした。

あるときは、一年間《ねんかん》に二百日《ひゃくにち》以上《いじょう》、都市《とし》をまわってぶたいに立《た》ちました。暑《あつ》い国《くに》で、バレエ団《だん》の仲間《なかま》がぐったりしていると、「ここは、なんておどりやすいのかしら。体《からだ》がすぐ温《あたた》まりますわね」と、はげましました。寒《さむ》い国《くに》では「気持《きも》ちが引《ひ》きしまって、いいわ」と、言《い》いました。だれよりもおどりに集中《しゅうちゅう》し、えらい人《ひと》の前《まえ》でも、貧《まず》しい人《ひと》の前《まえ》でも、同《おな》じようにおどりました。バレエを見《み》たことがなかった人《ひと》でも、アンナのバレエに心《こころ》をゆさぶられました。

アンナは、四十九歳《さい》でなくなりました。なくなるとき、「白鳥《はくちょう》の衣《い》しょうを持《も》ってきてちょうだい」と、言《い》ったそうです。アンナのたましいは、白鳥《はくちょう》となってはばたき、天国《てんごく》でおどっているのかもしれません。

アンナ・パブロブナ・パブロワ（一八八一～一九三一年《ねん》）

芥川龍之介《あくたがわりゅうのすけ》も感動《かんどう》した『ひん死《し》の白鳥《はくちょう》』

パブロワは、一九二二年《ねん》に日本でも公演《こうえん》しましたが、チケットが売《う》りきれるほど、大人気《だいにんき》でした。そのころの日本人《じん》は、ほとんどバレエを見《み》たことがなかったので、とてもおどろきました。すごいおどりを見《み》て、それを日本中《じゅう》にしょうかいしようと、小説家《しょうせつか》の芥川龍之介《あくたがわりゅうのすけ》も見《み》に行《い》きました。芥川《あくたがわ》は、「体《からだ》がグニャグニャのタコみたいで、気持《きも》ちが悪《わる》い」と言《い》っています。その芥川《あくたがわ》も、『ひん死《し》の白鳥《はくちょう》』には感動《かんどう》したと書《か》いています。

現代《げんだい》物理《ぶつり》学《がく》の父《ちち》ともよばれる

アインシュタイン

文・入澤宣幸
絵・イクタケマコト

ザッ、ザッ、ザッ。勇《いさ》ましいマーチに合《あ》わせて、町《まち》の中《なか》を兵隊《へいたい》が行進《こうしん》しています。

「ママ、こわい……帰《かえ》る……。」

男《おとこ》の子《こ》が、泣《な》いてお母《かあ》さんのそで口《ぐち》を引《ひ》っぱりました。おさないころのアルバート・アインシュタインです。

アインシュタイン家《け》は、ドイツに住《す》むユダヤ人《じん》の家族《かぞく》でした。このころのドイツは、国《くに》をあげて強《つよ》い軍隊《ぐんたい》を作《つく》っていたので、たいていの男《おとこ》の

子《こ》は兵隊《へいたい》にあこがれていました。しかし、アルバートは全員《ぜんいん》がロボットのように同《おな》じ動《うご》きをする兵隊《へいたい》が、こわくてたまりませんでした。アルバートは、いつもひとりで遊《あそ》ぶ、内気《うちき》な子《こ》どもでした。しゃべるのも苦手《にがて》で、ちゃんと話《はな》せるようになったのは、五歳《さい》になってからでした。

そんなおとなしいアルバートの目《め》が、くぎづけになったものがありました。ある日《ひ》お父《とう》さんがおみやげに買《か》ってきてくれた、方位磁石《ほういじしゃく》です。

どんな向《む》きに置《お》いても、はりは決《き》まった方角《ほうがく》を指《さ》して止《と》まります。アルバートは、目《め》に見《み》えない力《ちから》が磁石《じしゃく》を動《うご》かすことを知《し》り、夢中《むちゅう》になりました。

小学校《しょうがっこう》に入《はい》ったアルバートは、算数《さんすう》と理科《りか》が大好《だいす》きになりました。ユダヤ人《じん》の家庭《かてい》では、貧《まず》しい若者《わかもの》を家《いえ》に招《まね》く習慣《しゅうかん》がありました。アインシュタイン家《け》は、よくタルメイという学生《がくせい》を招《まね》きました。タルメイは、自分《じぶん》の持《も》ってきた数学《すうがく》や理科《りか》のむずかしい本《ほん》を、アルバートがどんどん読《よ》むのでびっくりしました。

「アルバートくんは、学校《がっこう》で〝のろま〟と言《い》われているそうですが、そんなことはありません。考《かんが》えがまとまらないうちは話《はな》さないだけですよ。」

と、両親《りょうしん》に言《い》いました。

アルバートは、きらいな教科《きょうか》は勉強《べんきょう》しませんでしたが、好《す》きな教科《きょうか》は一生《いっしょう》けん命《めい》勉強《べんきょう》しました。大学《だいがく》では、数学《すうがく》と物理《ぶつり》をとことん研究《けんきゅう》しました。

アルバートの主《おも》な研究方法《けんきゅうほうほう》は、思考実験《しこうじっけん》というものでした。実際《じっさい》に手《て》を使《つか》って実験《じっけん》するのではなく、頭《あたま》の中《なか》で順序《じゅんじょ》よく考《かんが》えを進《すす》めていく方法《ほうほう》です。

たとえば、光《ひかり》についての思考実験《しこうじっけん》では、

(同《おな》じ速《はや》さで走《はし》る乗《の》り物《もの》に乗《の》って、おたがいを見《み》ると、おたがいが止《と》まって見《み》える。では、光《ひかり》と同《おな》じ速《はや》さで動《うご》きながら光《ひかり》を見《み》たら、光《ひかり》は止《と》まって見《み》えるのだろうか。止《と》まった光《ひかり》とは、どんなものだろう。)

(光《ひかり》の速《はや》さは、秒速《びょうそく》三十万《まん》キロメートルだ。じゃあ、

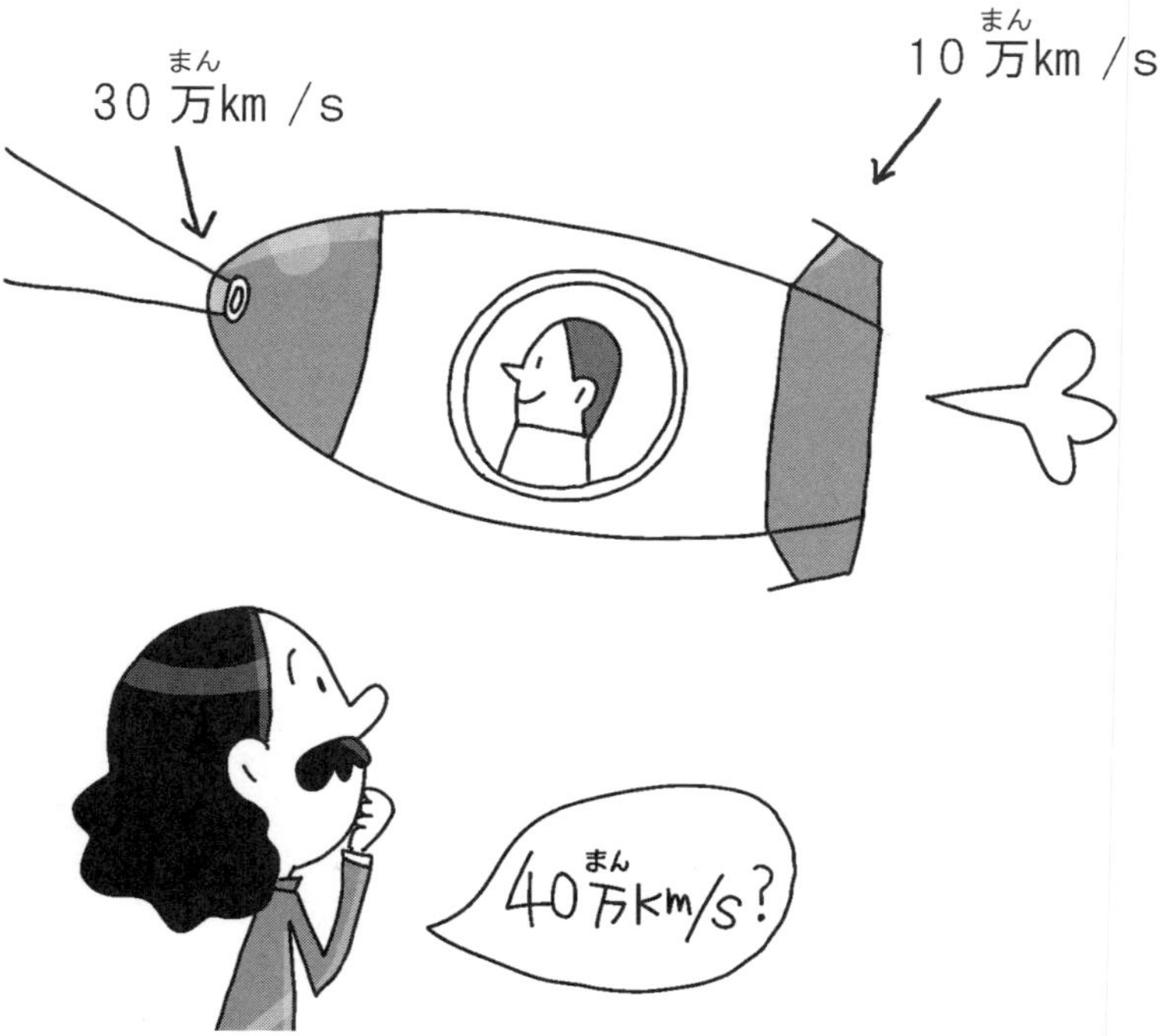

たとえば秒速《びょうそく》十万《まん》キロメートルの乗《の》り物《もの》から、進行《しんこう》方向《ほうこう》へ光《ひかり》を出《だ》したら、乗《の》り物《もの》の外《そと》にいる人《ひと》から見《み》ると、光《ひかり》の速《はや》さは、秒速《びょうそく》四十万《まん》キロメートルになるのだろうか。）

という具合《ぐあい》に考《かんが》えを進《すす》めていくのです。

アルバート・アインシュタインは、大学《だいがく》を卒業《そつぎょう》すると、スイスの特許局《とっきょきょく》の仕事《しごと》につきました。提出《ていしゅつ》された発明品《はつめいひん》が、特許《とっきょ》にふさわしいかどうかを審査《しんさ》する仕事《しごと》です。科学《かがく》に強《つよ》いアインシュタインは、てきぱきと仕事《しごと》をこなし、空《あ》いた時間《じかん》は、光《ひかり》についての思考実《しこうじっ》験《けん》を続《つづ》けました。

そして、二十六歳《さい》になったある朝《あさ》、自分《じぶん》でもびっくりするようなひらめきがあり、それをもとに『相対性理《そうたいせいり》論《ろん》』を書《か》いて発表《はっぴょう》しました。これは、今《いま》までの常識《じょうしき》をくつがえす、おどろくべき理論《りろん》でした。時間《じかん》の流《なが》れが、

早《はや》くなったりおそくなったりし、空間《くうかん》がのびたりちぢんだりするというのです。

発表直後《はっぴょうちょくご》は、あまりにもとっぴな理論《りろん》だったので、世界《せかい》のどの科《か》学者《がくしゃ》もとまどうばかりで、なんの意見《いけん》も出《だ》せませんでした。

「ふだんわれわれが動《うご》く程度《ていど》の速《はや》さでは、時間《じかん》のおくれや、空間《くうかん》のゆがみに気《き》づかないだけなのではないだろうか。」

「光《ひかり》の速《はや》さに近《ちか》いスピードで動《うご》け

光《ひかり》の速《はや》さ

ば、たしかにアインシュタインの言《い》うとおりかもしれない。」

あちこちで議論《ぎろん》が始《はじ》まったのは、発表後半年《はっぴょうごはんとし》が過《す》ぎてからでした。

相対性理論《そうたいせいりろん》によると、光《ひかり》の速《はや》さに近《ちか》い宇宙船《うちゅうせん》があれば、天《あま》の川《がわ》の向《む》こう側《がわ》くらい、あっというまに行《い》ってこられます。しかし、宇宙船《うちゅうせん》に乗《の》っている人《ひと》にとって、天《あま》の川《がわ》までの往復《おうふく》が一瞬《いっしゅん》であったとしても、地球《ちきゅう》で待《ま》っている人《ひと》にとっては、数《すう》十万年《まんねん》かかることになります。つまり、光《ひかり》の速《はや》さに近《ちか》いスピードを出《だ》す乗《の》り物《もの》に乗《の》れば、その人《ひと》は浦島太郎《うらしまたろう》のように年《とし》をとらずに、数《すう》十万年後《まんねんご》の未来《みらい》の地球《ちきゅう》へ行《い》くことができるというのです。

「もしかしたら、タイムマシンは作《つく》れるのかも！」

「相対性理論《そうたいせいりろん》はすごいぞ。」

人《ひと》びとの夢《ゆめ》はふくらみ、

アインシュタインは一気《いっき》に、世界《せかい》の人《にん》気《き》科学者《かがくしゃ》になりました。世界中《せかいじゅう》から講《こう》義《ぎ》によばれました。

アインシュタインは日本にも来《き》て、大《だい》かんげいを受《う》けました。そして、日本人《じん》のやさしさにふれ、日本が大好《だいす》きになりました。

「清《きよ》らかでおくゆかしい心《こころ》を持《も》った人《ひと》びとが、まだこの地球上《ちきゅうじょう》にいたことがわかり、わたしはうれしい。日本のみなさんは、ヨーロッパ文化《ぶんか》にそまらず、自国《じこく》の文化《ぶんか》を大事《だいじ》にしてほしいと思《おも》います。」

アインシュタインは、帰《かえ》り際《ぎわ》に、このように語《かた》りました。

やがてドイツでは、ヒトラーの率《ひき》いるナチスが政権《せいけん》を取《と》り、ユダヤ人《じん》の迫害《はくがい》を始《はじ》めました。ユダヤ人《じん》であるアインシュタインは、仕方《しかた》なくアメリカへにげました。しかし、世界中《せかいじゅう》で戦争《せんそう》が始《はじ》まり、アメリカもヨーロッパや日本に軍隊《ぐんたい》を送《おく》るようになりました。戦争《せんそう》ははげしくなるばかりで、戦《せん》争《そう》のきらいなアインシュタインは心《こころ》をいためました。

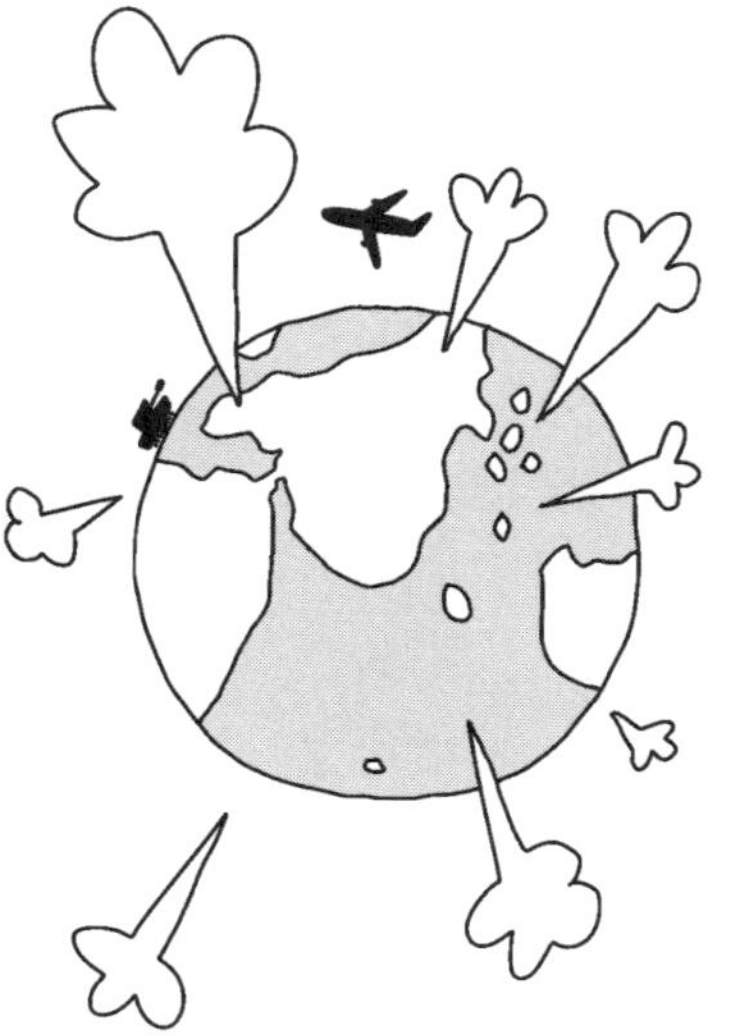

そんな中《なか》、ユダヤ人《じん》科学者《かがくしゃ》のシラードらが、おそろしい話《はなし》を聞《き》きつけてきました。相対性理論《そうたいせいりろん》の数式《すうしき》をもとに、ナチスドイツが、すさまじいエネルギーを持《も》った「原子《げんし》ばくだん」を作《つく》ろうとしているといううわさです。

シラードは、ナチスドイツに原子《げんし》ばくだんを使《つか》わせないようにするには、アメリカで先《さき》に原子《げんし》ばくだんを作《つく》って対《たい》こうするしかないと、言《い》いました。

アメリカの大統領《だいとうりょう》に、原子《げんし》ばくだん作《づく》りをすすめる手紙《てがみ》を書《か》くというのです。

「科学《かがく》を戦争《せんそう》に使《つか》うなんて絶対《ぜったい》だめだ。」

アインシュタインは真《ま》っ赤《か》になっておこりました。しかし、ナチスのおそろしさを理解《りかい》していたアインシュタインは、何度《なんど》も考《かんが》え、なやんだすえに、手紙《てがみ》に署名《しょめい》しました。

ところが、実際《じっさい》はドイツの原子《げんし》ばくだん作《づく》りは進《すす》んでいませんでした。アメリカは、日本へ向《む》けての原子《げんし》ばくだん作《づく》りに方針《ほうしん》を変《か》え、完成《かんせい》させた原子《げんし》ばくだんを、広島《ひろしま》と長崎《ながさき》に投《とう》下《か》したのです。これによって広島《ひろしま》で十四万人《まんにん》、長崎《ながさき》で七万人《まんにん》以上《いじょう》の命《いのち》が、一瞬《いっしゅん》で消《き》えました。このニュースを聞《き》いたアインシュタインは、あまりのショックにしばらくしゃべることができませんでした。

「なんてことを……。大好《だいす》きな日本

の人《ひと》たちが……。こんなことになるなら、相対性理論《そうたいせいりろん》の数式《すうしき》なんてやぶりすてておけばよかった。」

アインシュタインは、泣《な》きくずれました。

その後《ご》アインシュタインは、科学《かがく》の平和利用《へいわりよう》を願《ねが》い、原子《げんし》ばくだんをなくす運動《うんどう》、戦争《せんそう》をやめる運動《うんどう》を死《し》ぬまで続《つづ》けました。

アルバート・アインシュタイン（一八七九～一九五五年《ねん》）

服装《ふくそう》をあまり気《き》にしなかった

アインシュタインは、非常《ひじょう》にめんどうくさがりだったそうです。せんたく用石《ようせっ》けんで顔《かお》をあらい、ぞうきんで顔《かお》をふき、灰皿《はいざら》に食事《しょくじ》をもりつけることもあったそうです。また、当時《とうじ》のくつ下《した》はすぐに破《やぶ》れてしまうためにきらいで、常《つね》にくつをはだしのままはいていました。あるとき、服装《ふくそう》に少《すこ》し気《き》をつかってはどうかと言《い》われ、「肉《にく》を買《か》ったときに包《つつ》み紙《がみ》のほうが立派《りっぱ》だったら、わびしくはないかね」と、やりかえしたことがあるそうです。

日本で最初《さいしょ》の
女性《じょせい》の職業《しょくぎょう》作家《さっか》

樋《ひ》口《ぐち》一《いち》葉《よう》

文・田中史子
絵・塚越文雄

樋口一葉《ひぐちいちよう》は、文学《ぶんがく》で身《み》を立《た》て、原《げん》こう料《りょう》で生活《せいかつ》をする、日本で最初《さいしょ》の女《じょ》性《せい》の職業作家《しょくぎょうさっか》として知《し》られています。

一葉《いちよう》は、本名《ほんみょう》を「樋口奈津《ひぐちなつ》（なつ）」といい、一八七二年《ねん》に東京《とうきょう》で生《う》まれました。

なつのお父《とう》さんは東京府《とうきょうふ》（現在《げんざい》の東京都《とうきょうと》）につとめる役人《やくにん》で、小学生《しょうがくせい》のなつに、よく本《ほん》を買《か》ってきてくれました。

「お姉《ねえ》ちゃん、おままごとしようよ。」

「またあとで。だって今《いま》、ちょうどおもしろいところなんだもの。」

妹《いもうと》のくにがさそっても、なつは本《ほん》から目《め》をはなそうとしません。

当時《とうじ》、小学校《しょうがっこう》は八年制《ねんせい》で、四年《ねん》ずつ、上等小学校《じょうとうしょうがっこう》と下等小学校《かとうしょうがっこう》に分《わ》かれていました。なつはどの科目《かもく》でも一番《いちばん》の成績《せいせき》でしたが、なつが下等《かとう》を終《お》えたとき、お母《かあ》さんは、なつが上《うえ》の学校《がっこう》に進学《しんがく》することに反対《はんたい》しました。

「なつ、女《おんな》の子《こ》にとって大切《たいせつ》なのは、家事《かじ》やおさいほうですよ。」

「そ、そんな……。わたし、もっと勉強《べんきょう》したいのに……。」

お父《とう》さんは、そんななつの気《き》持《も》ちを知《し》って、なつを和歌《わか》の塾《じゅく》「萩《はぎ》の舎《や》」に入門《にゅうもん》させました。

萩《はぎ》の舎《や》は、中島歌子《なかじまうたこ》という歌《か》人《じん》が開《ひら》いている塾《じゅく》で、門人《もんじん》の多《おお》くは上流階級《じょうりゅうかいきゅう》のおじょうさまでした。

きらびやかな着物《きもの》に身《み》を包《つつ》んで集《あつ》まるおじょうさまたち。なつは、はじめのうち気後《きおく》れしましたが、

「気《き》にしないわ。だって、着物《きもの》で歌《うた》を作《つく》るわけじゃないもの。」

と、持《も》ち前《まえ》の負《ま》けん気《き》と才能《さいのう》で、めきめきと上達《じょうたつ》。次第《しだい》に、みんなから一目《いちもく》置《お》かれる存在《そんざい》となっていきました。


しかし、なつが十七歳《さい》のとき、樋口《ひぐち》家《け》は悲運《ひうん》に見《み》まわれます。お父《とう》さんが役所《やくしょ》をやめ、始《はじ》めた事業《じぎょう》が失敗《しっぱい》。その

上《うえ》、重《おも》い病気《びょうき》になって、なくなってしまったのです。樋口家《ひぐちけ》は家《いえ》も財産《ざいさん》も失《うしな》い、借金取《しゃっきんと》りがおしよせます。

「なつ、これから家族《かぞく》三人《にん》、どうやって食《た》べていけばいいんだろうね。」

「だいじょうぶよ、お母《かあ》さん。わたしがこの家《いえ》を支《ささ》えるわ。」

しかし、当時《とうじ》は女性《じょせい》が社会《しゃかい》に出《で》て働《はたら》くなど、あまりない時代《じだい》です。なつはお母《かあ》さんと妹《いもうと》のくにといっしょに、おさいほうの内職《ないしょく》を始《はじ》めました。

（これでは家賃《やちん》もはらえない。もっとお金《かね》になる仕事《しごと》はないかしら。）

ふと、なつは以前《いぜん》、萩《はぎ》の舎《や》で聞《き》いた話《はなし》を思《おも》いだしました。

「なつさん、聞《き》いた？　お仲間《なかま》の田辺《たなべ》さんが、小説《しょうせつ》をお出《だ》しになったんで

すって。出版社《しゅっぱんしゃ》から、ずいぶんと原《げん》こう料《りょう》をいただいたそうよ。」

「まあすごい。小説《しょうせつ》を書《か》いてお金《かね》がもらえるなんて……。」

なつは、自分《じぶん》も書《か》いてみようと思《おも》いました。

そこで、友人《ゆうじん》のしょうかいで、新聞小説《しんぶんしょうせつ》を書《か》いている半井桃水《なからいとうすい》という作家《さっか》をたずねました。

「お願《ねが》いです。わたしに小説《しょうせつ》の指導《しどう》を、していただけませんか。小説《しょうせつ》を書《か》いて、家族《かぞく》を養《やしな》っていきたいのです。」

「いや、やめたほうがいい。原《げん》こう料《りょう》で食《た》べていくのは大変《たいへん》なことです。」

けれど、なつはあきらめません。桃水《とうすい》はついに根負《こんま》けして、なつの指導《しどう》を引《ひ》きうけました。その日《ひ》から、なつは足《あし》しげく桃水《とうすい》のもとへ通《かよ》い、小説《しょうせつ》の書《か》き方《かた》を学《まな》びました。そんなある日《ひ》、桃水《とうすい》が言《い》いました。

「今度《こんど》、『武蔵野《むさしの》』という新《あたら》しい文芸雑誌《ぶんげいざっし》を出《だ》すことにしたんだ。そこになつさんの小説《しょうせつ》をのせたいと思《おも》っている。」

「本当《ほんとう》ですか。先生《せんせい》のご期待《きたい》に応《こた》えられるよう、がんばります。」

一八九二年《ねん》、なつは「樋口一葉《ひぐちいちよう》」とい

うペンネームで、『闇桜《やみざくら》』という作品《さくひん》を書《か》き、作家《さっか》デビューを果《は》たしました。なつ、二十歳《さい》のときでした。

「本当《ほんとう》に、わたしの名前《なまえ》がのっている……。」

一葉《いちよう》は感動《かんどう》のあまり、『武蔵野《むさしの》』をむねにだきしめました。そして、そのころ一葉《いちよう》は、ひそかに桃水《とうすい》のことを好《す》きになっていました。

（いやだ。わたしったら桃水先生《とうすいせんせい》のことを考《かんが》えると顔《かお》が赤《あか》くなっている。）

ところが、ある日《ひ》、一葉《いちよう》は萩《はぎ》の舎《や》の中《なか》島歌子先生《じまうたこせんせい》によばれました。

「あなた、半井桃水《なからいとうすい》さんのおたくへ、出《で》入《い》りしているそうね。よくないうわさがたったら、萩《はぎ》の舎《や》の名《な》にきずがつきます。もう会《あ》うのをおやめなさい。」

桃水《とうすい》と会《あ》えなくなるのは、身《み》を切《き》られるほど悲《かな》しいことでしたが、当時《とうじ》は、今《いま》のような自由《じゆう》な恋愛《れんあい》など、あまり許《ゆる》されませんでした……。

それでも一葉《いちよう》は、つらい気持《きも》ちを乗《の》りこえて、次《つぎ》つぎと小説《しょうせつ》を書《か》き、次第《しだい》に作家《さっか》として名前《なまえ》を知《し》られるようになりました。しかし、もらえる原《げん》こ

う料《りょう》はとても少《すく》なくて、一家《いっか》の生活《せいかつ》は苦《くる》しくなるばかりです。

（いっそ、何《なに》か別《べつ》に、商売《しょうばい》でも始《はじ》めたほうがいいのかもしれない。）

一葉《いちよう》は迷《まよ》ったすえに、下町《したまち》の長屋《ながや》に引《ひ》っこし、雑貨屋《ざっかや》を始《はじ》めました。

「お姉《ねえ》さん、せっけんをおくれ。うちの子《こ》には紙風船《かみふうせん》を一つ。」

「はいよ。毎度《まいど》ありがとうね。」

商売《しょうばい》に追《お》われながらも、一葉《いちよう》は作家《さっか》として自立《じりつ》する夢《ゆめ》をすてたわけではありませんでした。それどころか、人情《にんじょう》あふれる町《まち》に来《き》て、本当《ほんとう》に書《か》きたいものが見《み》えてきたような気《き》がしました。
(いつか、この町《まち》をぶたいにした小説《しょうせつ》を書《か》いてみたい。)

その夢《ゆめ》は、不幸《ふこう》な形《かたち》で実現《じつげん》することとなりました。一年後《ねんご》、商売《しょうばい》にかげりが見《み》えはじめ、米《こめ》を買《か》うお金《かね》にさえこまるようになったのです。一葉《いちよう》は決意《けつい》しました。商売《しょうばい》をたたんで、もう一度《いちど》作家《さっか》としてがんばってみようと。

（もう迷《まよ》わない。わたしが感《かん》じたことを、ありのままに小説《しょうせつ》にするわ。）

どん底《ぞこ》を経験《けいけん》したことが、逆《ぎゃく》に一葉《いちよう》の力《ちから》となったのです。一葉《いちよう》は朝《あさ》からばんまでつくえに向《む》かい、わいてくる情熱《じょうねつ》を文《ぶん》にして、紙《かみ》にたたきつけました。

一八九四年《ねん》のくれから十四か月《げつ》の間《あいだ》に、一葉《いちよう》は『大《おお》つごもり』『たけくらべ』『にごりえ』などの名作《めいさく》をたてつづけに発表《はっぴょう》しました。特《とく》に『たけくらべ』は、かつて雑貨屋《ざっかや》を開《ひら》いていた町《まち》をぶたいにして、美登利《みどり》という十四歳《さい》の少女《しょうじょ》の初恋《はつこい》をきめ細《こま》かい描写《びょうしゃ》で表現《ひょうげん》し、一葉《いちよう》の名声《めいせい》を決定《けってい》づけました。

こうして、やっと明《あか》るい未来《みらい》が見《み》えてきたころ、一葉《いちよう》はしばしば高熱《こうねつ》を出《だ》すようになりました。妹《いもうと》のくには、心配《しんぱい》でたまりません。

「お姉《ねえ》ちゃん、そんなに根《こん》をつめては体《からだ》に悪《わる》いわ。少《すこ》し休《やす》んだら。」

「だいじょうぶよ。今《いま》は書《か》くことが楽《たの》しくて仕方《しかた》ないの。」

その力強《ちからづよ》い言葉《ことば》とはうらはらに、一葉《いちよう》の体《からだ》はやせ細《ほそ》り、顔色《かおいろ》も悪《わる》く、つかれがにじみでています。次第《しだい》に、筆《ふで》を持《も》つこともできなくなりました。

くには一葉《いちよう》を引《ひ》きずるようにして病院《びょういん》に連《つ》れていきました。くにが医者《いしゃ》から告《つ》げられた病名《びょうめい》は、結《けっ》

核《かく》……。当時《とうじ》は不治《ふじ》の病《やまい》（治《なお》らない病気《びょうき》）といわれていました。

「お姉《ねえ》さんはもう手《て》おくれです。もって、あと数《すう》か月《げつ》の命《いのち》でしょう。」

「うそよ。やっと一人前《いちにんまえ》の作家《さっか》としてみとめられたのに……。」

泣《な》きじゃくる、くに……。でも、それは悲《かな》しい現実《げんじつ》でした。

一八九六年《ねん》十一月《がつ》二十三日《にち》、樋口一葉《ひぐちいちよう》は、二十四歳《さい》でこの世《よ》を去《さ》りました。

短《みじか》くも、全力《ぜんりょく》で生《い》きた樋口一葉《ひぐちいちよう》。わずか一年《ねん》と二か月《げつ》の間《あいだ》に生《う》まれた作品《さくひん》の数《かず》かずは、その後《ご》、百年以上《ひゃくねんいじょう》たった今《いま》でも多《おお》くの人《ひと》に読《よ》みつがれています。

樋口一葉《ひぐちいちよう》
（一八七二～一八九六年《ねん》）

作家《さっか》になる決意《けつい》

父《ちち》の死後《しご》、作家《さっか》になることをあきらめて雑貨屋《ざっかや》を始《はじ》めた一葉《いちよう》でしたが、店《みせ》をたたんでもう一度《いちど》作家《さっか》を目指《めざ》したとき、自分《じぶん》で自分《じぶん》の戒名《かいみょう》（仏教《ぶっきょう》で死《し》んだあとにつけてもらう名《な》）をつけました。それは、「死《し》んだ気《き》になってもう一度作家《いちどさっか》を目指《めざ》す」という気持《きも》ちを表《あらわ》したものだといわれています。一葉《いちよう》の決意《けつい》はそれほど強《つよ》いものだったのです。その後《ご》わずか一年《ねん》二か月《げつ》の間《あいだ》に九つもの作品《さくひん》を立《た》てつづけに発表《はっぴょう》し、「きせきの十四か月《げつ》」といわれました。

「世界《せかい》のホンダ」の創業者《そうぎょうしゃ》

本《ほん》田《だ》宗《そう》一《いち》郎《ろう》

文・鶴川たくじ
絵・藤原良二

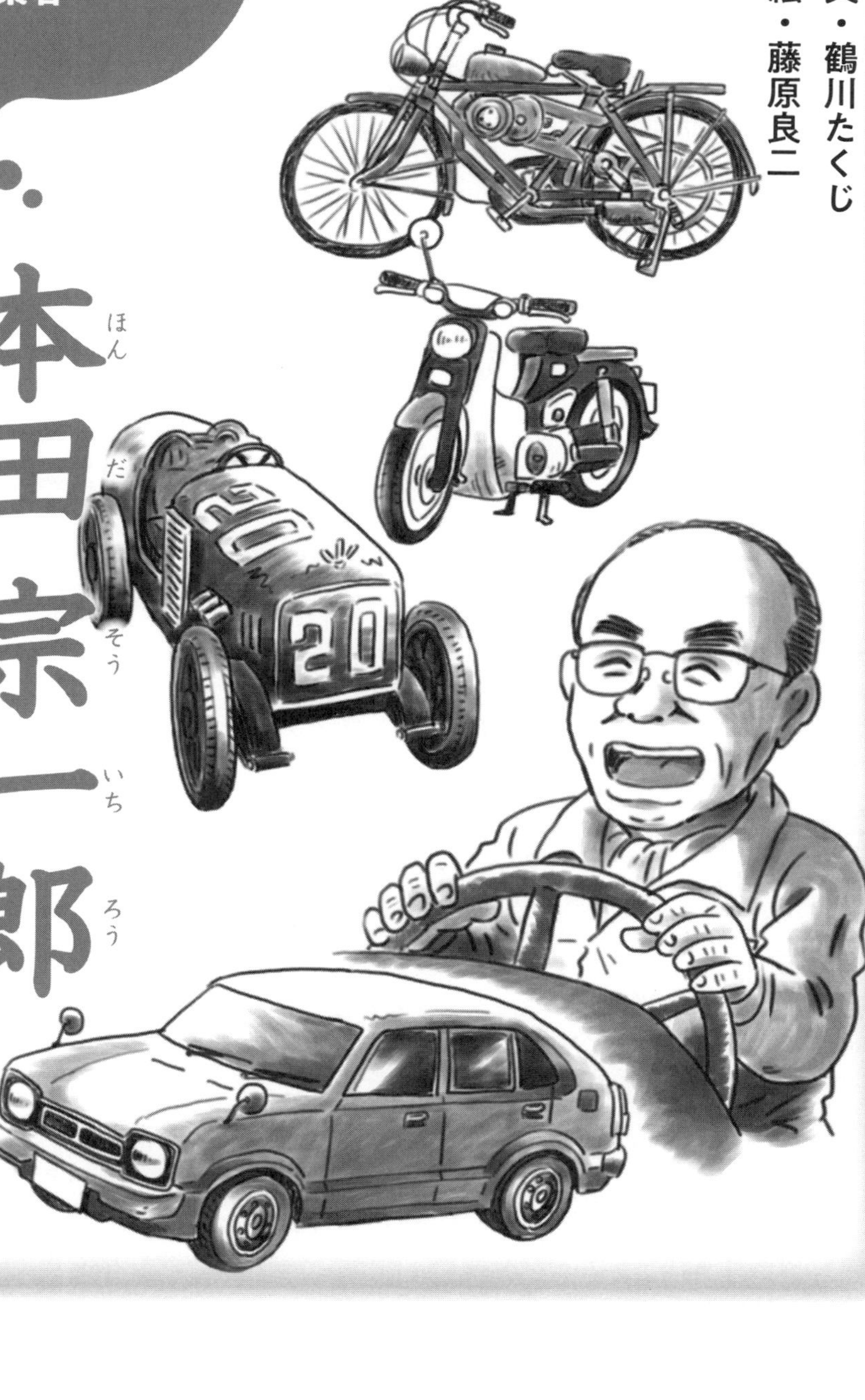

「自動車《じどうしゃ》が来《く》るぞー。」

今《いま》から百年《ひゃくねん》ほど前《まえ》のこと。農業《のうぎょう》や林《りん》業《ぎょう》がさかんな静岡県磐田郡光明村《しずおかけんいわたぐんこうみょうむら》（今《いま》の浜松市《はままつし》）は、村《むら》をあげての大《おお》さわぎになっていました。当時《とうじ》は大変《たいへん》めずらしく、だれも見《み》たことのない自動車《じどうしゃ》が、村《むら》にやってくるというのです。

今《いま》か今《いま》かと待《ま》ちかまえる村人《むらびと》たち。その人《ひと》だかりの最前列《さいぜんれつ》には機械《きかい》好《ず》きの少年《しょうねん》、宗一郎《そういちろう》が陣取《じんど》っていました。

やがて、アメリカからの輸入車《ゆにゅうしゃ》「T《ティー》型《がた》フォード」がすがたを現《あらわ》すと、宗一《そういち》

郎《ろう》は、かみなりに打《う》たれたようなしょうげきを受《う》けました。

「かっこいい。これが自動車《じどうしゃ》なのか。」

宗一郎《そういちろう》は、走《はし》る自動車《じどうしゃ》を夢中《むちゅう》で追《お》いかけました。低《ひく》くうなるエンジン音《おん》、ガソリンのにおい、ときどきはきだされるオイルのかたまりまでが、宗一郎《そういちろう》にとってはみりょく的《てき》で、気《き》がつくと村《むら》はずれまで来《き》ていました。

このとき宗一郎《そういちろう》は、

「いつか、自分《じぶん》の手《て》で、自動車《じどうしゃ》を作《つく》ってみたい。」

という、大《おお》きな夢《ゆめ》をいだいたのでした。

バイクや自動車《じどうしゃ》を製造《せいぞう》し、「ホンダ」の名《な》で世界《せかい》に知《し》られる、本田《ほんだ》技研《ぎけん》工業株式会社《こうぎょうかぶしきがいしゃ》を創業《そうぎょう》した本田宗一郎《ほんだそういちろう》は、一九〇六年《ねん》十一月《がつ》十七日《にち》に生《う》まれました。おさないころからもの作《づく》りや機械《きかい》いじりが大好《だいす》きで、器用《きよう》にいろいろな遊《あそ》び道具《どうぐ》をこしらえました。

高等小学校《こうとうしょうがっこう》（今《いま》の中学校《ちゅうがっこう》）を卒業《そつぎょう》するころ、早《はや》く社会《しゃかい》に出《で》てエンジニアになりたいと望《のぞ》んでいた宗一郎《そういちろう》は、雑誌《ざっし》で、ある求人広告《きゅうじんこうこく》を見《み》つけます。

《自動車修理工見習《じどうしゃしゅうりこうみなら》い求《もと》む。東京湯島《とうきょうゆしま》「アート商会《しょうかい》」》

あこがれの自動車《じどうしゃ》の仕事《しごと》ではありませんか。十五歳《さい》の宗一郎《そういちろう》は、父《ちち》に付《つ》きそわれて上京《じょうきょう》し、アート商会《しょうかい》に入社《にゅうしゃ》。夢《ゆめ》への第一歩《だいいっぽ》をふみだしました。

ところが、入社《にゅうしゃ》してみると、宗一郎《そういちろう》にあたえられた仕事《しごと》は、社長《しゃちょう》の子《こ》どもの子守《こもり》でした。修理工見習《しゅうりこうみなら》いどころか、自動車《じどうしゃ》にさわることさえ、許《ゆる》されませんでした。

しかし、宗一郎《そういちろう》はめげませんでした。

このとき心《こころ》の支《ささ》えになったのは、上京前《じょうきょうまえ》に父《ちち》がおくってくれた言葉《ことば》。

「時間《じかん》を大事《だいじ》にしろ。だれにでも平等《びょうどう》にあたえられる時間《じかん》を、有効《ゆうこう》に使《つか》うか、むだにするかで、人生《じんせい》は決《き》まるんだ。」

（そうだ、時間《じかん》をむだにするな。）

宗一郎《そういちろう》は、子守《こもり》をしながら、ひまをみては、先《せん》ぱいたちの作業《さぎょう》をのぞき見《み》たり、会社《かいしゃ》にある専門書《せんもんしょ》を読《よ》んだりしました。

すると、自動車《じどうしゃ》に関《かん》する知識《ちしき》と技術《ぎじゅつ》が、

着実《ちゃくじつ》に身《み》についていきました。

自動車《じどうしゃ》にさわらせてもらえるようになると、めきめきうでを上《あ》げ、六年後《ねんご》には、早《はや》くも社長《しゃちょう》から独立《どくりつ》を許《ゆる》されました。

一九二八年《ねん》、二十一歳《さい》の宗一郎《そういちろう》は、故郷《こきょう》の浜松《はままつ》に、アート商会《しょうかい》の支店《してん》をオープンしました。このころ、まだ国産車《こくさんしゃ》は出回《でまわ》っていないので、修理《しゅうり》に持《も》ちこまれるのは、高《こう》価《か》な輸入車《ゆにゅうしゃ》ばかりでした。

（もしも自分《じぶん》が、こんな高《たか》い車《くるま》を買《か》って、故障《こしょう》したら、どんなにショックで不安《ふあん》な気持《きも》ちになるだろう。）

相手《あいて》の立場《たちば》になって考《かんが》えた宗一郎《そういちろう》は、お客《きゃく》さんに修理《しゅうり》の様子《ようす》を見《み》せながら、故《こ》障《しょう》の原因《げんいん》と修理《しゅうり》の結果《けっか》を、くわしく説明《せつめい》しました。すると、「アート商会《しょうかい》は親切《しんせつ》だ」という評判《ひょうばん》が広《ひろ》まり、たちまち店《みせ》は大《だい》はんじょうしました。

けれども、宗一郎《そういちろう》は次第《しだい》に物足《ものた》りなさを感《かん》じるようになりました。

「修理《しゅうり》は何《なに》かを生《う》みだすわけではない。今度《こんど》はもの作《づく》りをしてみたい。どうせなら、自動車《じどうしゃ》に関係《かんけい》するものを。」

一九三七年《ねん》、宗一郎《そういちろう》は新《あたら》しく会社《かいしゃ》を作《つく》

り、ピストンリングという、自動車《じどうしゃ》エンジンの部品《ぶひん》の製造《せいぞう》を始《はじ》めました。宗一郎《そういちろう》は、自分《じぶん》のもの作《づく》りの能力《のうりょく》に自信《じしん》があったので、エンジンをばらしてピストンリングを見《み》たときに、「これなら簡単《かんたん》に作《つく》れる」と思《おも》ったのです。

ところが、注文主《ちゅうもんぬし》に製品《せいひん》をおさめると、ほとんどが不良品《ふりょうひん》としてもどってきました。見《み》た目《め》はきちんとできているのですが、作《つく》り方《かた》に問題《もんだい》があるとか。そう言《い》われても、宗一郎《そういちろう》には、なんのことだかわかりませんでした。

「やっぱり、専門的《せんもんてき》な知識《ちしき》が必要《ひつよう》なんだな。」

そこで宗一郎《そういちろう》は、三十歳《さい》にして、浜松高等工業学校《はままつこうとうこうぎょうがっこう》（今《いま》の静岡大学工学部《しずおかだいがくこうがくぶ》）に入学《にゅうがく》。社長業《しゃちょうぎょう》をしながら、学校《がっこう》で工学《こうがく》の基礎《きそ》を一から学《まな》んだのでした。そのかいあって、会社《かいしゃ》は順調《じゅんちょう》に発展《はってん》していきました。

しかし、自動車作《じどうしゃづく》りは、まだ遠《とお》い夢《ゆめ》のままでした。

大《おお》きなきっかけは、一九四六年《ねん》におとずれました。日本が戦争《せんそう》に負《ま》けて間《ま》もないころで、世《よ》の中《なか》にはいろいろな物《もの》が不足《ふそく》していました。宗《そう》一郎《いちろう》は、新《あら》たに「本田技術研究所《ほんだぎじゅつけんきゅうじょ》」を設立《せつりつ》し、今《いま》、いちばんみんなに喜《よろこ》ばれるものを作《つく》ろうと決《き》め、何《なに》がいいのか考《かんが》えていました。

そんなある日《ひ》、友人《ゆうじん》の家《いえ》の倉庫《そうこ》に、戦争中《せんそうちゅう》に陸軍《りくぐん》が使《つか》っていた小《ちい》さなエンジンが、たくさんあるのを見《み》つけ、ひらめきました。

「こいつを自転車《じてんしゃ》につけて動力《どうりょく》にしたら、人《ひと》の移動《いどう》が楽《らく》になるぞ。」

当時《とうじ》は、戦争直後《せんそうちょくご》で交通事情《こうつうじじょう》が悪《わる》く、本数《ほんすう》の

少《すく》ない列車《れっしゃ》はいつも満員《まんいん》。バスもおんぼろな上《うえ》に満員《まんいん》。人《ひと》びとの主《おも》な移動《いどう》手段《しゅだん》は自転車《じてんしゃ》でした。

宗一郎《そういちろう》はさっそくエンジンを改造《かいぞう》し、自転車用補助《じてんしゃようほじょ》エンジンを完成《かんせい》。売《う》りだすと、用意《ようい》した五百個《ひゃっこ》がたちまち売《う》りきれてしまいました。宗一郎《そういちろう》が思《おも》ったとおり、人《ひと》びとの求《もと》める製品《せいひん》だったのです。

改造型《かいぞうがた》エンジンをもとに、自社《じしゃ》で一から組《く》み立《た》てた「ホンダA型《エイがた》」エンジンも大《だい》ヒット。一九四八年《ねん》には、社名《しゃめい》を現在《げんざい》の本田技研工業《ほんだぎけんこうぎょう》としました。

自転車用補助《じてんしゃようほじょ》エンジンの成功《せいこう》で自信《じしん》を深《ふか》めた宗一郎《そういちろう》は、翌年《よくねん》、今度《こんど》はバイクの製造《せいぞう》に取《と》りくみました。「バイク作《づく》りは会社《かいしゃ》の新《あたら》しい夢《ゆめ》だ」という意味《いみ》をこめて、第《だい》一号車《ごうしゃ》

は「ドリーム号D型《ごうディーがた》」と名《な》づけられました。

その後《ご》、宗一郎《そういちろう》は社員《しゃいん》の先頭《せんとう》に立《た》って、次《つぎ》つぎに新製品《しんせいひん》を開発《かいはつ》していきました。失《しっ》敗《ぱい》を重《かさ》ねながらも製品《せいひん》の質《しつ》はどんどん向上《こうじょう》。バイク作《づく》りへの参入《さんにゅう》からわずか七年目《ねんめ》で、生産台数国内第一《せいさんだいすうこくないだいいち》位《い》におどりでてしまいました。

「日本の次《つぎ》は世界進出《せかいしんしゅつ》だ。」

宗一郎《そういちろう》の夢《ゆめ》は広《ひろ》がりました。しかし、欧《おう》米《べい》のバイク先進国《せんしんこく》のメーカーとは、技術《ぎじゅつ》の面《めん》でまだ大《おお》きな差《さ》があることも知《し》っていました。

そこで考《かんが》えたのが「マン島《とう》TT《ティーティー》レース」への出場宣言《しゅつじょうせんげん》です。イギリスのマン島《とう》で開《ひら》かれるこのバイクレースは、「二輪車《にりんしゃ》のオリンピック」といわれる、世界一《せかいいち》レベルの高《たか》いレースです。そのマン島《とう》TT《ティーティー》レースに出場《しゅつじょう》すると、全社員《ぜんしゃいん》に向《む》かって宣言《せんげん》することによって、いやでも技術《ぎじゅつ》をレベルアップさせなければならないよう、自分《じぶん》たちを追《お》いこんだのです。

　すると、ホンダの技術《ぎじゅつ》はさらに向上《こうじょう》して、一九五八年《ねん》、「スーパーカ

ブ」が生《う》まれました。使《つか》いやすく、乗《の》り心地《ごこち》がよく、ねだんも安《やす》いこの小《こ》型《がた》バイクは、その後《ご》六十年間《ねんかん》で生産《せいさん》るい計《けい》一億台《おくだい》を達成《たっせい》し、今《いま》も売《う》れつづける、大《だい》ヒット商品《しょうひん》となりました。

そして、翌年《よくねん》、マン島《とう》TT《ティーティー》レース初出場《はつしゅつじょう》を果《は》たしたホンダチームは、六位入賞《いにゅうしょう》の好成績《こうせいせき》をあげ、いちやく世界《せかい》にその名《な》をとどろかせました。

さらに二年後《ねんご》のレースでは優勝《ゆうしょう》し、「世界《せかい》のホンダ」の名《な》を不動《ふどう》のものにしました。宗一郎《そういちろう》は思《おも》いました。

「バイクでできることは、すべてやった。」

となれば、次《つぎ》はいよいよ自動車製造《じどうしゃせいぞう》への参入《さんにゅう》です。

ところが、当時《とうじ》の日本には、新《あたら》しい自動車会社《じどうしゃがいしゃ》を設立《せつりつ》させない法律《ほうりつ》を作《つく》ろうとする動《うご》きがありました。国内《こくない》メーカーを大《おお》きな会社《かいしゃ》にまとめて、生《せい》産力《さんりょく》を上《あ》げ、外国《がいこく》メーカーに対《たい》こうしようというわけです。

そんな法律《ほうりつ》ができたらおしまいです。宗一郎《そういちろう》は急《いそ》いで自動車《じどうしゃ》の開発《かいはつ》を進《すす》め、一九六二年《ねん》十月《がつ》、スポーツカーと軽《けい》トラックを自動車《じどうしゃ》ショーに出展《しゅってん》。世界中《せかいじゅう》が注目《ちゅうもく》する中《なか》、はなばなしい自動車《じどうしゃ》デビューをかざりました。ついに、おさないころの夢《ゆめ》を果《は》たしたのです。

しかし、まだまだ宗一郎《そういちろう》の夢《ゆめ》は終《お》わりませんでした。常《つね》に高《たか》い目標《もくひょう》をかかげ、それを実現可能《じつげんかのう》な夢《ゆめ》だと言《い》って、チャレンジしつづけたのです。そして「世界《せかい》のホンダ」の名《な》にはじない、すぐれた製品《せいひん》を世《よ》に送《おく》りだしました。

S-500
T360
T360

一九七〇年《ねん》にアメリカで、大《たい》気《き》おせんを防《ふせ》ぐために、自動車《じどうしゃ》の排気《はいき》ガスにきびしい基準《きじゅん》を設《もう》けた法律《ほうりつ》が作《つく》られました。そのときも宗一郎《そういちろう》はいち早《はや》く対応《たいおう》し、低公害《ていこうがい》の「CVCC《シーブイシーシー》エンジン」を完成《かんせい》させました。このエンジンを積《つ》んだ「シビック」という車《くるま》は、全世界《ぜんせかい》に注目《ちゅうもく》されました。

そんな宗一郎《そういちろう》も、六十六歳《さい》のときに、エンジニアとしての能《のう》力《りょく》のおとろえを感《かん》じて引退《いんたい》。そ

して一九九一年《ねん》八月《がつ》五日《いつか》、夢《ゆめ》を追《お》いつづけた八十四年《ねん》の人生《じんせい》を終《お》えました。

本田宗一郎《ほんだそういちろう》は、初《はじ》めて自分《じぶん》の店《みせ》を持《も》ったときから変《か》わらず、使《つか》い手《て》の立《たち》場《ば》に立《た》って、使《つか》い手《て》に喜《よろこ》ばれる製品《せいひん》を作《つく》りつづけました。その志《こころざし》を受《う》けついだホンダのバイクや自動車《じどうしゃ》は、今《いま》も世界中《せかいじゅう》の人《ひと》びとに愛《あい》されています。

本田宗一郎《ほんだそういちろう》（一九〇六～一九九一年《ねん》）

社長《しゃちょう》をやめてお礼《れい》の旅《たび》に出《で》かけた

本田宗一郎《ほんだそういちろう》は、「いつまでも年寄《としよ》りがのさばっていてはいかん」と、六十六歳《さい》で社長《しゃちょう》をやめ、その後《ご》は会社《かいしゃ》の経営《けいえい》には一《いっ》切口《さいくち》出《だ》ししませんでした。

そして、引退《いんたい》した宗一郎《そういちろう》は、「今《いま》までお世話《せわ》になった人《ひと》にお礼《れい》を言《い》いたい」と、自分《じぶん》で車《くるま》を運転《うんてん》して、全国《ぜんこく》にある工場《こうじょう》や販売店《はんばいてん》を一年《ねん》半《はん》かけて回《まわ》りました。行《い》った先《さき》では、「どうもありがとう」と工場《こうじょう》や販売店《はんばいてん》の一人《ひとり》ひとりとあく手《しゅ》をしたそうです。

おうちの方へ

塩谷京子

◇◇◇

五年生になるとものごとを判断するときの基準となる「ものさし」をもつようになります。友だち同士のトラブルを自分たちで解決しようとしたり、社会のできごとに興味をもったりするなど、お子さんの興味関心は家庭から少しずつはみだしていきます。だからこそ、自分の「ものさし」が必要になるのです。

大人の言うことを鵜呑《うの》みにしなくなるのは、自分の「ものさし」をもちはじめた証拠です。とはいえ、五年生の子どもの「ものさし」はまだまだ未熟です。でも、借り物でない自分の「ものさし」ですから、納得いかないと自分なりの理屈で主張をします。五年生からの思春期は、この未熟な「ものさし」を成長させる年齢でもあります。

「ものさし」の成長には、多様な体験が必要です。同年齢や異年齢の友だちとのやりとりや家族との日々はもちろんのこと、好きな本の主人公の生き方や、伝記に出てくる偉人の葛藤などの疑似体験も、大きな影響を与えます。本田宗一郎のたゆまぬ探究心に、感性が奮い立った子もいるでしょう。アンナ・パブロワのひたむきな向上心に、自分を同化させた子もいるでしょう。

心がゆさぶられる体験をしてほしいという願いから、10分で読める伝記は、あえてお子さんの年齢に近い頃のできごとを取り上げ、詳しく描いています。このシリーズには、12人の伝記を並べました。芸術、科学、歴史など、多様な分野から人物を厳選しています。自分の背中を押してくれるように感じたり、あの人のようになりたいとあこがれたり、そういう生き方もあることに共感したりするなど、多様な出会いがあるでしょう。

私はといえば、初めて伝記を読んだのが五年生のとき、織田信長の伝記でした。不思議なことに桶狭間の戦いでの興奮だけが、今でも心の奥に刻まれているのです。歴史ドラマや本などで織田信長に出会うたびに、私は伝記を読んでいる五年生の自分を思い出します。

手をかけた子育てが終わり、目をかける子育てが始まる五年生。これからのお子さんとの毎日は、人としてどう生きるのかの「ものさし」を成長させる日々でもあります。距離をおきながらもしっかり見守っているというサインを送りながら、第二の子育てへスイッチを切り替えてみてはいかがでしょうか。

塩谷京子（しおや きょうこ）

静岡県生まれ。
関西大学大学院総合情報学研究科 博士課程修了 博士（情報学）。
静岡市公立小学校教諭、関西大学初等部教諭（中高等部兼務）を経て、
現在、放送大学客員准教授。

〈 主な著書 〉

『探究の過程における　すぐ実践できる情報活用スキル55』（単著）ミネルヴァ書房
『司書教諭の実務マニュアル　シオヤ先生の仕事術』（単著）明治図書出版
『小学校　明日からできる！　読書活動アイデア事典』（共著）明治図書出版
『本をもっと楽しむ本ー読みたい本を見つける図鑑』全4巻（監修）学研
『しらべる力をそだてる授業！』（共著）ポプラ社

監修　塩谷京子
表紙絵　スタジオポノック／山下明彦　©STUDIO PONOC
装丁・デザイン　株式会社マーグラ
編集協力　グループ・コロンブス（偉人のとびら）　近野十志夫（偉人のとびら）　入澤宣幸
協力　日本赤十字社　NPO 杉原千畝命のビザ　本田技研工業株式会社
写真提供　PPS 通信社　東郷青児記念 損保ジャパン日本興亜美術館（ゴッホ《ひまわり》）
肖像絵　角愼作

よみとく10分
10分で読める伝記　5年生

2011年10月28日　第1刷発行
2019年10月15日　増補改訂版第1刷発行
2025年1月24日　増補改訂版第10刷発行

発行人　川畑　勝
編集人　高尾俊太郎
企画編集　井上茜　西田恭子　矢部絵莉香
発行所　株式会社Gakken
〒141-8416 東京都品川区西五反田 2-11-8
印刷所　TOPPAN株式会社

【編集部より】
※本書は、『10分で読める伝記5年生』（2011年刊）を増補改訂したものです。
※この本は、2019年9月現在の情報にもとづいた内容になっていますが、内容によっては異なる説もあります。また、人物の言葉や一部のエピソードは、設定や史実をもとに想定したものです。挿絵は史実にもとづきながらも、小学生が楽しめるよう、親しみやすく表現しています。

【この本に関する各種お問い合わせ先】
- 本の内容については、下記サイトのお問い合わせフォームよりお願いします。
https://www.corp-gakken.co.jp/contact/
- 在庫については　Tel 03-6431-1197（販売部）
- 不良品（落丁、乱丁）については　Tel 0570-000577
学研業務センター　〒354-0045 埼玉県入間郡三芳町上富 279-1
- 上記以外のお問い合わせは　Tel 0570-056-710（学研グループ総合案内）

学研グループの書籍・雑誌についての新刊情報・詳細情報は、下記をご覧ください。
学研出版サイト　https://hon.gakken.jp/

ここからは、本《ほん》のうしろから読《よ》んでね。

183ページ
本田宗一郎

大《おお》きく花《はな》開《ひら》いた本《ほん》田《だ》宗《そう》一《いち》郎《ろう》の夢《ゆめ》

「世界《せかい》のホンダ」を育《そだ》て、発展《はってん》させた本田宗一郎《ほんだそういちろう》。その夢《ゆめ》は一歩一歩《いっぽいっぽ》現実《げんじつ》のものになり、さらに新《あたら》しい分野《ぶんや》にも広《ひろ》がっているよ。

1947年《ねん》

A《エイ》型《がた》エンジン

自転車《じてんしゃ》の補助《ほじょ》エンジン。人《ひと》びとの移動《いどう》をとても楽《らく》にしました。

1958年《ねん》

スーパーカブ

乗《の》りやすく、大《だい》ヒットしたバイク。今《いま》でも世界中《せかいじゅう》で乗《の》られています。

1972年《ねん》

シビック

CVCC《シーブイシーシー》エンジンを積《つ》んだ乗用車《じょうようしゃ》。環境《かんきょう》のことを考《かんが》えた車《くるま》です。

2000年《ねん》

ASIMO《アシモ》

人《ひと》と簡単《かんたん》な会話《かいわ》もできる、人型《ひとがた》の二足歩行《にそくほこう》ロボットです。

2015年《ねん》

HondaJet《ホンダジェット》

ホンダ初《はつ》の小型《こがた》ジェット機《き》。海外《かいがい》でも人気《にんき》があります。

167ページ
樋口一葉

お札《さつ》に人物《じんぶつ》のしょう像《ぞう》を使《つか》うのは、
みんなに親《した》しみやすくするのと、
複雑《ふくざつ》なしょう像画《ぞうが》で偽造《ぎぞう》をしにくくするという、
両方《りょうほう》の理由《りゆう》からだ！　今《いま》まで17人《にん》の人物《じんぶつ》が
お札《さつ》に登場《とうじょう》しているよ。

2024年《ねん》から

1000円札《えんさつ》

北里柴三郎《きたさとしばさぶろう》

1853年-1931年

病気予防《びょうきよぼう》の発展《はってん》にこうけんした医学者《いがくしゃ》。感染症《かんせんしょう》の研究《けんきゅう》をしてペスト菌《きん》を発見《はっけん》し、「日本の細菌《さいきん》学《がく》の父《ちち》」とよばれました。

5000円札《えんさつ》

津田梅子《つだうめこ》

1864年-1929年

1871年《ねん》に日本初《はつ》の女子留学生《じょしりゅうがくせい》として8歳《さい》でアメリカへ。帰国後《きこくご》、女子《じょし》の教育《きょういく》に力《ちから》をつくし、今の津田塾大学《つだじゅくだいがく》のもとをつくりました。

10000円札《えんさつ》

渋沢栄一《しぶさわえいいち》

1840年-1931年

日本で初《はじ》めての銀行《ぎんこう》や、たくさんの企業《きぎょう》の設立《せつりつ》に関《かか》わった実業家《じつぎょうか》です。経済《けいざい》の教育《きょういく》や社会事業《しゃかいじぎょう》活動《かつどう》にも力《ちから》をつくしました。

樋《ひ》口《ぐち》一《いち》葉《よう》たち
移《うつ》りかわるお札《さつ》の人《じん》物《ぶつ》

樋口一葉《ひぐちいちよう》は、5000円札《えんさつ》のしょう像《ぞう》に選《えら》ばれたことがあるよ。
2024年《ねん》からは、３種類《しゅるい》のお札《さつ》に登場《とうじょう》する人物《じんぶつ》が変《か》わるよ。

1000円札《えんさつ》

野口英世《のぐちひでよ》
1876年-1928年

不自由《ふじゆう》な左手《ひだりて》を治《なお》してもらったことで、医学《いがく》の道《みち》を志《こころざ》しました。病気《びょうき》の原因《げんいん》となる細菌《さいきん》やウイルスを研究《けんきゅう》し、ノーベル賞候補《しょうこうほ》にもなりました。

5000円札《えんさつ》

樋口一葉《ひぐちいちよう》
1872年-1896年

女性《じょせい》の職業作家《しょくぎょうさっか》がまだいない時代《じだい》に、自《みずか》ら作家《さっか》の道《みち》を開《かい》たく。文学《ぶんがく》を通《とお》して女性《じょせい》の地位向上《ちいこうじょう》につくしたのがお札《さつ》に選《えら》ばれた理由《りゆう》といわれます。

10000円札《えんさつ》

福沢諭吉《ふくざわゆきち》
1835年-1901年

日本に西洋文明《せいようぶんめい》を伝《つた》えた教育者《きょういくしゃ》。外国《がいこく》にわたって見聞《けんぶん》を広《ひろ》め、今《いま》の慶応義塾大学《けいおうぎじゅくだいがく》をつくり、『学《がく》問《もん》のすゝめ《すすめ》』などを書《か》きました。

151ページ
アインシュタイン

心《こころ》をとらえる
アインシュタインの言《こと》葉《ば》

アインシュタインは、たくさんの名言《めいげん》を残《のこ》しているよ。いくつか見《み》てみよう。

物《もの》事《ごと》のうしろには、かくされた何《なに》かがある。

これはアインシュタインが４～５歳《さい》のころ、磁石《じしゃく》のはりが必《かなら》ず同《おな》じ方向《ほうこう》を指《さ》すことを疑問《ぎもん》に感《か》じ、こう考《かんが》えたと、のちに記《しる》した言葉《ことば》です。物事《ものごと》を当《あ》たり前《まえ》だと思《おも》わず、なぜ？と深《ふか》く考《かんが》えぬく性格《せいかく》でした。

わたしには、特別《とくべつ》な才能《さいのう》などない。ただ、好奇心《こうきしん》がとても強《つよ》いだけさ。

「両親《りょうしん》のどちらから才能《さいのう》を引《ひ》きついだのか」という問《と》いに対《たい》して、アインシュタインが答《こた》えた言葉《ことば》。いつも好奇心《こうきしん》をもつことが大切《たいせつ》で、もって生《う》まれたものは関係《かんけい》ないという考《かんが》えを示《しめ》しました。

感動《かんどう》するのをやめた人《ひと》は、生《い》きていないのと同《おな》じだ。

人《ひと》はいろいろな人《ひと》や場面《ばめん》に出会《であ》い、感動《かんどう》して成長《せいちょう》するもの。それがなければ、人《ひと》はかがやきを失《うしな》い、死《し》んでしまっているようなものだということです。

103ページ
ゴッホ

ゴッホの絵《え》を見《み》てみよう！

わずか37年《ねん》の生《しょう》がいの中《なか》で、ゴッホはたくさんの絵《え》を残《のこ》し、近代《きんだい》の美術《びじゅつ》にえいきょうをあたえた。その代表作《だいひょうさく》をしょうかいするよ。

ひまわり

南《みなみ》フランスで、太陽《たいよう》と光《ひかり》をイメージしてかいたというひまわりの絵《え》。全部《ぜんぶ》で７枚《まい》が残《のこ》っています。

アルルのはね橋《ばし》

南《みなみ》フランスのアルルでは、はね橋《ばし》（可動《かどう》式《しき》の橋《はし》）の絵《え》を好《この》んでかきました。

タンギーじいさん

ゴッホは日本の浮世絵《うきよえ》にえいきょうを受《う》けたといわれます。この絵《え》の人物《じんぶつ》のまわりにも、美人画《びじんが》や富士山《ふじさん》など、浮世絵《うきよえ》のような背景《はいけい》が見《み》られます。

87ページ
アムンゼン

アムンゼンが探検《たんけん》した、北極《ほっきょく》と南極《なんきょく》のちがいは？

それまでだれにも成《な》しえなかった南極点《なんきょくてん》と北極点《ほっきょくてん》への到達《とうたつ》。
アムンゼンをかりたてた、この二つの極地《きょくち》は、どんなところだろう？

ぎもん1 どこの国《くに》？

北極点《ほっきょくてん》は、北極海《ほっきょくかい》の、陸地《りくち》からはなれたところにあり、どこの国《くに》でもありません。一方《いっぽう》、**南極点《なんきょくてん》**は南極大陸《なんきょくたいりく》にあって、いろいろな国《くに》の基地《きち》がありますが、こちらもどこの国《くに》にも属《ぞく》していません。

ぎもん2 どっちが寒《さむ》い？

南極《なんきょく》の最低気温《さいていきおん》は -89.2 度《ど》で、**北極《ほっきょく》**は -71 度《ど》。**南極《なんきょく》**のほうが寒《さむ》いのは、標高《ひょうこう》が高《たか》いためです。南極大陸《なんきょくたいりく》の標高《ひょうこう》は、平均《へいきん》でおよそ 2500m。いちばん高《たか》いところはおよそ 4900m あります。

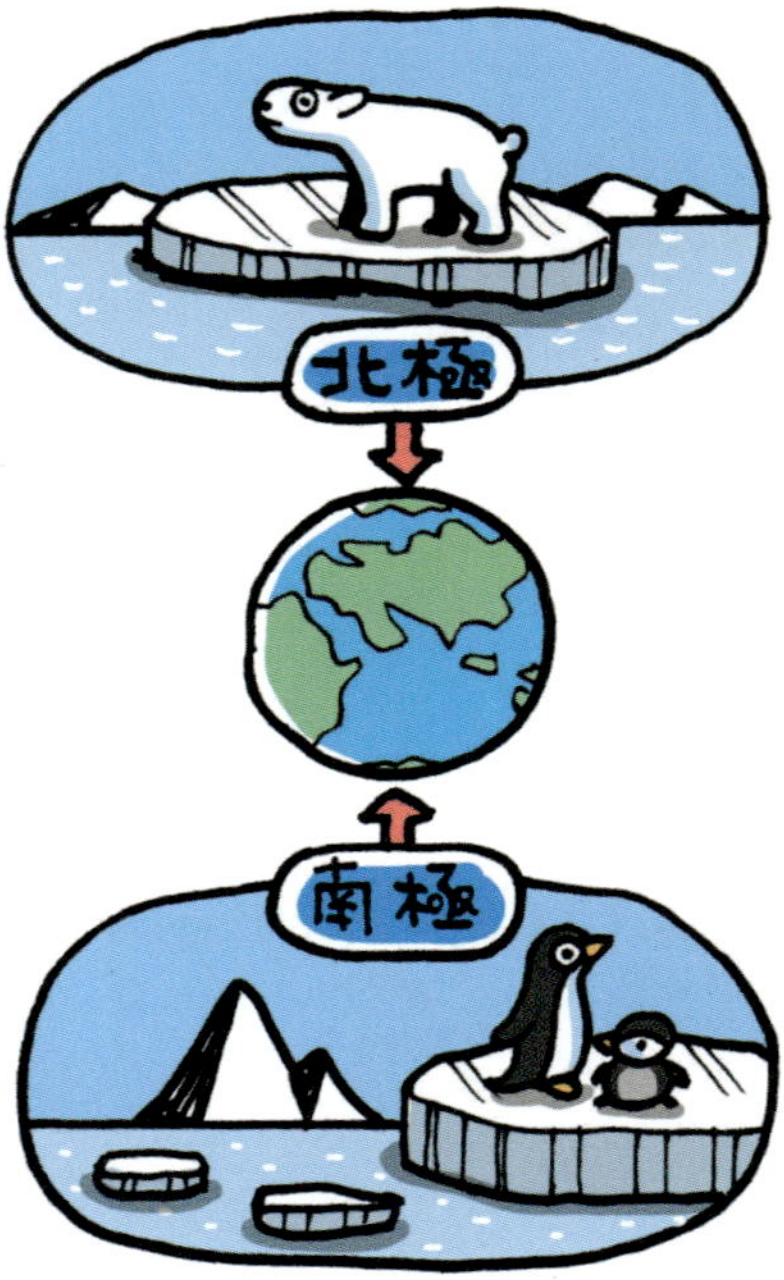

ぎもん3 どんな現象《げんしょう》が起《お》こる？

北極《ほっきょく》にも**南極《なんきょく》**にも、空《そら》が光《ひか》りながらゆらゆらと動《うご》くオーロラが現《あらわ》れます。また、夜《よる》になっても太陽《たいよう》がしずまない「白夜《びゃくや》」や、昼間《ひるま》にも太陽《たいよう》がのぼらない「極夜《きょくや》」が、どちらにも見《み》られます。

ぎもん4 どんな動物《どうぶつ》がいる？

北極《ほっきょく》にはホッキョクグマやホッキョクギツネが氷《こおり》の上《うえ》でくらしています。**南極《なんきょく》**にはいろいろな種類《しゅるい》のペンギンが大《おお》きな群《む》れをつくってくらしています。

71ページ
アンネ・フランク

アンネ・フランクと同時代《どうじだい》に、ユダヤ人《じん》を救《すく》った日本人《じん》がいた！

きみは杉原千畝《すぎはらちうね》を知《し》っている？　アンネ・フランクと同時代《どうじだい》に生《い》き、政府《せいふ》の命令《めいれい》に反《はん》して、多《おお》くのユダヤ人《じん》を救《すく》った日本人外交官《じんがいこうかん》だ。

リトアニアの日本領事館時代《りょうじかんじだい》の杉原千畝《すぎはらちうね》。

杉原千畝《すぎはらちうね》ってどんな人《ひと》？

アンネ・フランク一家《いっか》がオランダにかくれすんでいたころ、ポーランドのユダヤ人《じん》は、ナチスからのがれてリトアニアににげていました。当《とう》時《じ》リトアニアの日本領事館《りょうじかん》につとめていた外交《がいこう》官《かん》の杉原千畝《すぎはらちうね》は、このままではかれらが殺《ころ》されると思《おも》い、日本政府《せいふ》の命令《めいれい》に反《はん》して、かれらに日本通過《つうか》のビザ（入国《にゅうこく》を許可《きょか》する書類《しょるい》）を出《だ》しました。その結果《けっか》、6000人《にん》ともいわれるユダヤ人《じん》たちが、国外《こくがい》ににげることができたのです。杉原《すぎはら》の出《だ》したビザは、多《おお》くの人《ひと》の命《いのち》を救《すく》ったことから、「**命《いのち》のビザ**」とよばれています。

東洋《とうよう》のシンドラー

ドイツ人実業家《じんじつぎょうか》**オスカー・シンドラー**は、自《じ》分《ぶん》の工場《こうじょう》に多《おお》くのユダヤ人《じん》をやといいれて保《ほ》護《ご》し、1000人以上《にんいじょう》の命《いのち》を救《すく》いました。このシンドラーにちなんで、杉原千畝《すぎはらちうね》は「**東洋《とうよう》のシンドラー**」とよばれています。

43ページ
宮沢賢治

宮《みや》沢《ざわ》賢《けん》治《じ》の作《さく》品《ひん》を読《よ》んでみよう!

ふるさと岩手《いわて》をぶたいに多《おお》くの童話《どうわ》を残《のこ》した宮沢賢治《みやざわけんじ》。
その作品《さくひん》には、自然《しぜん》への関心《かんしん》や、動物《どうぶつ》などへの愛《あい》があふれているよ。

銀《ぎん》河《が》鉄《てつ》道《どう》の夜《よる》

いつのまにか銀河鉄道《ぎんがてつどう》の乗客《じょうきゃく》になっていたジョバンニ。いっしょに旅《たび》していた親友《しんゆう》のカムパネルラの運命《うんめい》はどうなるでしょう。本当《ほんとう》の幸《しあわ》せとは何《なに》かを考《かんが》えさせられる、宮沢賢治《みやざわけんじ》の代表作《だいひょうさく》です。

注《ちゅう》文《もん》の多《おお》い料《りょう》理《り》店《てん》

二人《ふたり》の男《おとこ》が迷《まよ》いこんだ森《もり》の中《なか》の「注文《ちゅうもん》の多《おお》い料理店《りょうりてん》」。しかし、注文《ちゅうもん》が多《おお》いのは客《きゃく》のほうではなく、店《みせ》のほうでした。おもしろいお話《はなし》が、だんだんこわくなる展開《てんかい》に、ひきつけられます。

セロひきのゴーシュ

演奏会《えんそうかい》を前《まえ》にしてセロ（チェロ）がなかなか上達《じょうたつ》しないゴーシュ。猛練習《もうれんしゅう》を見《み》に来《く》る動物《どうぶつ》たちにいらいらしながらも、逆《ぎゃく》にいろいろなことを教《おし》えられて……。主人公《しゅじんこう》の心《こころ》の成長《せいちょう》をえがいた物語《ものがたり》です。

風《かぜ》の又《また》三《さぶ》郎《ろう》

夏休《なつやす》み明《あ》けの教室《きょうしつ》に見《み》慣《な》れない少年《しょうねん》がいました。あらしのようにやってきて、あらしのように去《さ》っていった又三郎《またさぶろう》は、いったい何者《なにもの》なのでしょうか。読《よ》み手《て》によって、いろいろな感《かん》じ方《かた》ができる名作《めいさく》です。

10ページ
織田信長

織田信長《おだのぶなが》の三択《さんたく》クイズ

天下統一《てんかとういつ》の願《ねが》いはかなわなかったけど、その思《おも》いは、のちの世《よ》にとどけられたともいえるね。クイズで、信長《のぶなが》の生《しょう》がいをふりかえろう。

Q1 織田信長《おだのぶなが》のわかいころの名前《なまえ》は？

ア 一寸法師《いっすんぼうし》
イ 小法師《こぼうし》
ウ 吉法師《きっぼうし》

Q2 桶狭間《おけはざま》の戦《たたか》いで、てきの今川義元《いまがわよしもと》は何《なに》にびっくりした？

ア 織田信長《おだのぶなが》のゆうしゅうな鉄《てっ》ぽう隊《たい》
イ 織田信長《おだのぶなが》の不意《ふい》打《う》ち
ウ 織田信長《おだのぶなが》のうつけぶり

Q3 織田信長《おだのぶなが》が天下《てんか》をとるために自分《じぶん》の手紙《てがみ》につけたサインは？

ア 天下泰平《てんかたいへい》
イ 天下無双《てんかむそう》
ウ 天下布武《てんかふぶ》

Q4 本能寺《ほんのうじ》で明智光秀《あけちみつひで》によるうらぎりをさとった信長《のぶなが》は何《なに》をした？

ア 女性《じょせい》を外《そと》ににがそうとした
イ われ先《さき》にと、外《そと》ににげようとした
ウ 鉄《てっ》ぽうで自害《じがい》しようとした

答《こた》え Q1 ウ Q2 イ Q3 ウ Q4 ア

偉《い》人《じん》のとびら
伝記《でんき》に出《で》てきた偉人《いじん》たちを、
クイズやエピソードで、もっとくわしく学《まな》ぼう!
織田信長《おだのぶなが》
アインシュタイン
デュナン
アンネ・フランク
クレオパトラ
本田宗一郎《ほんだそういちろう》
宮沢賢治《みやざわけんじ》
アンナ・パブロワ
ゴッホ
樋口一葉《ひぐちいちよう》
アムンゼン
孫文《そんぶん》
きみが目標《もくひょう》にしたい
人《ひと》はいる?
絵・なかさこかずひこ!/オオタヤスシ